武満徹逍遥
——遠ざかる季節から

小沼純一

青土社

この瞬間にも、ときは過ぎてゆく。
ついこのあいだ、生きていたはずの世紀もずっと前のこととなり、いまも、遠ざかりつつ、遠ざかりつづけて、ある。

ひとりの作曲家について書く。
もういいかな、と距離をとる。
何か、原稿を、と依頼されることがあり、気づいたり考えたりすることが、まれに、ある。

書きとめ、書きためたものが、いつのまにか。
音楽作品から文章へ、ひとへ、
波紋のひろがりへ。

作曲家について、手引きとなるようなものが、個人的なおもいが、すこし客観的にみえるかもしれないものが。
雑多なものを、いくつかに分けて。

秋、という作曲家の愛した季節が、年々短くなってきたような、
もしかしたら、もうなくなってしまっているのかもしれない、とも。
サブタイトルは、そんなところから。

à Maki

武満徹逍遥　遠ざかる季節から

目次

4 メディア

5 映像・音響

6 作品

武満徹逍遥　遠ざかる季節から

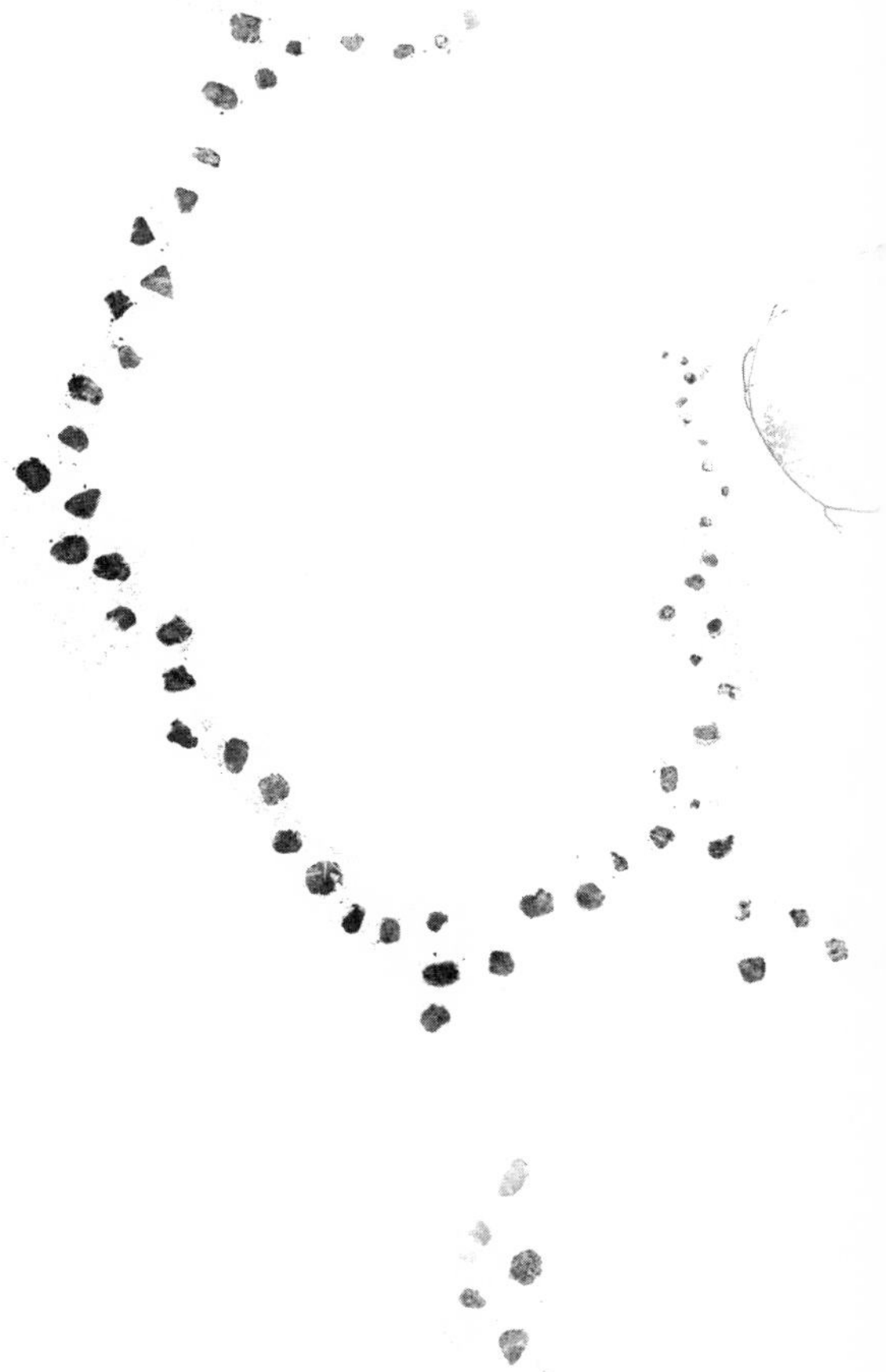

1

いざない

ひびきあう音楽

日本庭園を歩いていると、一本一本の樹木が、石や砂が、草や苔が、池が、みるもののいる位置によって、異なった様相を呈するのに気づく。おなじ樹が、むこうからみたときと、こちらからみたときとでは、かたちも、背景も変化し、あたかもべつのものであるかのよう。このさまが春夏秋冬とすこしずつ、さらには何年、何十年という時の経過のなかでも変わってゆく。草と樹、水、砂と石、それぞれがめぐるサイクルもべつに――。

武満徹は、あるとき、日本庭園のもっている時間と空間の重層性に気づいた。庭園は世界中にあり、どこでもそれぞれの文化圏における宇宙観のあらわれだったが、極東の列島におけるそれは、多く知られる西洋のものとは大きく異なっている。

きっちりと手入れされ、管理され、歩く道筋まで決まっている西洋式ではなく、中心があってないような、どこを歩いてもいいような、そしてさまざまな生きとし生けるものが奔放にある日本式庭園。

西洋式庭園は、音楽家を何人も集めたオーケストラとおなじだ。おなじオーケストラでも、「オーケストラ」とひとくくりにするのではなく、年齢も性も生活も、もちろん手にする楽器もべつの、個人個人としての音楽家が集まっているととらえたなら。そうした成りたちのオーケストラのなかを、ソリストが、日本庭園を歩くような、回遊するような作品を書いてみたら、どうだろう。

☆

琵琶と尺八という日本の伝統楽器を、西洋由来のオーケストラとおなじステージに配置した《ノヴェンバー・ステップス》で世界的に知られるようになった作曲家ではあるが、こうしたニュースやトピックとはもうすこし違った意味で、日本やアジアにおける音・音楽の感性を作品化しつづけていった。

《ノヴェンバー・ステップス》は、和楽器の音色や奏法、時間のとり方といった面で、大きな衝撃を与えるものだったが、そもそもそこにある「オーケストラ」を、ひとつのしごとをこなす精密な機械、あるいは、工場としてより、有機的な生体のようなところにこそ、武満徹の真骨頂はあった。

それはまた、映画において、音や音楽が映像の添えものなどではなく、ともにあって「映画」なのだとつねに意識しながらしごとをしてきたこととともつながっている。

江戸時代末期に開国して以来、日本が海外にむけて何が送れるのか、発信できるのか、が模索されてきた。ときには有形無形の力であったかもしれない。ときには自動車だったり電気製品だったりもした。

では、文化はどうだったのか。

ながい歳月にわたって伝えられてきたものは、とりあえず伝統として、エクゾティックなものとして、海外で受けいれられた。他方、さかんに流入してくるものを受けとめながら、新たな創造物として提示できるものがどれだけあったのか。

☆

そうしたなか、武満徹の音楽を、紛れもなくひとつの文化的価値を持つものとみる。ひとつの文化のなかでのみ生まれ育った感性ではなく、ある種の普遍性をもった「作品」として、より広い世界に提示する。たとえ普遍性というのが、西洋近代的なものだという枠はあるにしても。

西洋偏重主義でも、西洋に学ぶものはないとの国粋主義でもなく、おのおのの違いを見据えながら、作品のひとつひとつをとおして、みずからの美学を貫く。

こうしたバランス感覚は、現在においても、いや現在だからこそ、多くを学ぶことが、感じとることができるのではないか。

この作曲家がいることで、音楽についての考え方や姿勢、伝統への意識といったものが、広いアジア圏の作曲家には大切な手本、支えになってきた。一九八〇年代から一九九〇年代の晩年、武満徹は庭園回遊型の作品をいくつも発表するなかで、旧来の「前衛」的な位置から、より広く自在な音楽語法を求めるようになり、コンサートのための音楽だけではない、多くの人びとに親しまれるソングへも積極的に歩みだそうとしていた。

二〇〇六年は、武満徹没後一〇年にあたった。作曲家としてのみならず、プロデューサーとして、文章家として、あるいは個人的なたのしみとしてショートショートを書いたり、水彩を描いたりといった「創造」行為も、あった。文章を集めた著作集、録音物とデータを入念に集めた全集は、その広範な人物像を知らせてくれてあまりある。夫人の語った『作曲家・武満徹との日々を語る』（小学館）も、音楽作品や硬派なエッセイだけからではみえにくかった普段着の魅力を知らせてくれる。

この年、四月からは、東京オペラシティでドローイングなどを集めた展覧会が、あるいは、楽器編成が大きくなかなか演奏の機会がなかった作品がとりあげられるコンサートが開催された。

数多い日本の作曲家のなかでも、このように大規模に回顧され、未来につなげられるような人物は、今後はたしてでてくるのかどうか。

二〇〇六年は、二〇世紀の日本において、たしかに重要な位置を占めた作曲家であり、思想家であった武満徹をしっかりと確認し、記憶しておく年になる。

没後一〇年、資料をみまわして

ひとりの創作家が亡くなって一〇年経ったとき、何が見えてくるだろう。それはその人物や仕事にも関わってくるのだが、武満徹の場合、少なくない人物が、その仕事を、また人物像を記憶として引き継ごうとした。それが見えた。ひとつの幸福な例だった。

大きいのは『全集』（小学館）の刊行である。多少の遺漏はあるかもしれないけれど、基本的な作品はすべて音源が収録され、初演データや作曲家自身のノート、さらには内外での評を加えて立体的に構成した全五巻。CDは五八枚におよぶ。武満は文章家としても知られ、こちらはすでに単行本として刊行されたものを集成した五巻の『著作集』（新潮社）が存在するが、音源を集めた点では、現代の作曲家としてほとんど類例がない。今後、日本の「作曲家」をめぐってこうしたものが刊行される可能性は、作曲家の力量如何にかかわらず、きわめてうすい。このなかにはコンサート用の作品のみならず、二巻が映画のための音楽であり、一巻の少なからぬ部分を占めるのが演劇やテレビのための音楽であることも注目に値する。コンサートのための、「音楽－作品」として独立されるもののみならず、映像や言葉とともにある映画やテレビというメディアが武満徹にとって持つ意味がひじょうに大きかった。そこには第二次世界大戦後の日本という状況や作曲家個人の映画への志向もあるにはちがいないが、もしかすると、「オーディオ－ヴィジュアル」のメディア社会の到来が予感されていたのかもしれない。

☆

この一〇年、武満徹は書物のかたちでどのように扱われてきたのか、ざっと見る。

武満徹が亡くなって最初に登場したのは、日本においてではなく、フランスであった。パリ・コンセルヴァトワールのアラン・ポワリエが著したもの（Alain Poirier, Toru Takemitsu [Michel de Maule, 1997]）で、武満が亡くなった翌年に出版されている。著者自身、ひじょうに短い期間で書き下ろしたとの発言を読んだことがあるが、どこかしら「西洋人が見た日本」のクリシェがところどころに見え隠れしないでもない。オリエンタリズムと一言で括ることはできないかもしれないけれど、日本、あるいはアジアについての丁寧な理解の手つきというものが欠けていないかどうか。それは、たとえば、武満自身がフランス音楽を愛し、また、フランスの人たちも武満の作品を評価しているとされながら、しかしフランスで発売されるレコードのジャケットが「フジヤマ、ゲイシャ」的だったりしたことに、作曲者自身苦笑せずにはいられなかったというエピソードともつながる。他方、日本では、船山隆『武満徹　響きの海へ』（音楽之友社、一九九八年）が没後二年、拙著『武満徹　音・ことば・イメージ』（青土社、一九九九年）が没後三年の時点で店頭にならぶ。

東京芸術大学の音楽学を担当した船山隆は一九七三年に最初の評論集『音とポエジー』（小沢書店）を刊行、武満論も収録されたが、以後四半世紀にわたってこの作曲家をフォローし、ここでは概論というより、特定の作品を読み込んでゆく作業をおこなっている。『音とポエジー』では言葉でのみ語り尽くそうとすることで批評を成り立たせるという意志があったのに対し、ここではより専門的になっているため、読み手を選ぶという側面もある。

拙著は作曲家の生と作品を、副題にもあるように、音／音楽、言葉、そしてイメージによって解読し、また結びつけようとする。評伝や研究というよりは、「武満徹」という問題圏を提出したものだが、亡くなってからほどない頃に執筆されたため、映画やテレビなどの音楽については敢えて言及されずに終わっている。六年後に書き下ろされた拙著『武満徹その音楽地図』（PHP新書、二〇〇五年）は、コンパクトな新書というフォーマットを意識し、「入門」「手引き」が目指された。武満徹という名は知っていても、少なからぬひとが有名な《ノヴェンバー・ステップス》を聴くと、前衛的なひびき、いわゆる口ずさめるような

「音楽」でないことにとまどったりして、この作曲家の音楽を敬遠してしまう傾向がある。対して、映画やテレビのために作られた「ソング」や、「若い人たち」のために書かれた親しみやすい《ファミリー・トゥリー》などからはいって、少しずつ武満徹の音楽の広がりに進んでいこうという意図を持つ。作曲家が一九三〇（昭和五）年に生まれ、亡くなったのは一九九六（平成七）年と、ほぼ「昭和」に重なったかたちで生きたこと、第二次世界大戦以後という日本が大きく変化してゆくのとパラレルに活動をつづけてきたことが、ひとつの視点として掲げられている。

長木誠司・樋口隆一編による『武満徹　音の河のゆくえ』（平凡社、二〇〇〇年）も、船山、小沼の本とおなじく、作曲家没後の空気が薄れていない時期に刊行された論集である。生前も没後も、知人や友人たちによる作曲家論、作品論が収録されている本はあったものの――たとえば斎藤慎爾・武満眞樹編『武満徹の世界』（深夜叢書社、一九九七年）――、作曲家・武満徹と距離をとりながら音楽学者や作曲家が中心となって論じているものは、これがはじめてのもの。

世紀が変わると、英語圏で本が出始める。すでにピアニスト、大竹紀子の『Creative Sources for the Music of Toru Takemitsu』［Ashgate, 1993］があったものの、作曲家はまだ存命中であった時期であり、視点がいささかピアノに限定され、試論の枠内にあった。それが変化するのが、シドンズのカタログとバートの著作であるだろう。

アメリカの音楽学者であり作曲家ジェームズ・シドンズ（James Siddons）による『Toru Takemitsu: A Bio-Bibliography』［Bio-Bibliographies in Music, 2001］は、武満徹にアクセスしようとするひとに向けての作品および文献のガイド。タイトルどおり、作曲家の生についても紹介はされているが、英語圏では基本的な目録だ。ピーター・バート（Peter Burt）の大冊『The Music of Toru Takemitsu』は、現在、内外でもっともトータルな武満徹論といえよう。これは邦訳も刊行され、容易に手にとることができるようになった（ピーター・バート『武満徹の音楽』小野光子訳、音楽之友社、二〇〇六年）。もともと博士論文であったものを拡大、一般に読めるかたちにした本書は、ちょっとみると楽譜の引例が多いために敬遠されてしまう可能性もないではない。とはいえ、そうしたものを読み飛ばしても文章のロジックが通じるように配慮されている。引例は細部の分析をして事足りるためのものではなく、言葉でロジックを進めるための補助としてある。本書には、ヨーロッパに身をおいている研究者ゆえの視野がはっきりみえるのも意味がある。武満をいたずらに「日本」の文化につなぎとめながら語るのではなく、かといってエクゾティックに語るのでもなく、グローバルな「音楽」のあり方を意識して書かれている。

日本では、よりコンパクトな「作曲家の伝記」が楢崎洋子によって著される。『武満徹』（音楽之友社、二〇〇五年）だ。いわゆる「クラシック」の作曲家の評伝を最新の資料をもとに、コンパクトにつくるというシリーズの一環として書かれている。ヨーロッパの作曲家がほとんどで、現在までのところ、これが唯一の自国、日本の作曲家である。楢崎は武満徹と三善晃の作品様式を分析した論文で博士号――『武満徹と三善晃の作曲様式――無調性と音群作法をめぐって』（音楽之友社、一九九四年）として刊行――を得た研究者／批評家だが、本書でも作曲家本人の生と作品とをはっきりと分け、双方が混じりあうような視点は可能なかぎり避けられている。武満徹の何を知りたいか、どんなところに惹かれるかによって、手にとる本は変わってくるだろうが、本書においては、書き手の感情移入は、バートの著書以上にストイックだ。

楢崎洋子はヒュー・ディ・フェッランティ（Hugh de Ferranti）とともに『A Way a Lone: Writings on Toru Takemitsu』[Academia Music Ltd., Tokyo, 2002] を編纂してもいる。歴史的、分析的、そして批評的・個人的な三つの「パースペクティヴ」を中心とし、武満を継ぐ一九四〇年代と五〇年代生まれの作曲家――佐藤聡明と西村朗――の対談、武満自身への生前のインタヴュー、およびシドニー大学での武満シンポジウムのフォーラム・セッションが収録される。参加者には、リチャード・トゥープ、ルチアーナ・ガリアーノ、ピーター・バートといった研究者が加わるとともに、若き日から武満と作曲活動をともにした湯浅議二、多くの録音をおこなったレコード・プロデューサー、川口義晴の文章もあり、複数の視点から武満を捉えるという点で、また英語で刊行されているという意味で、手堅い文献である。

☆

評伝でも伝記でもなく、身近で作曲家と生活をともにした夫人が語った『作曲家・武満徹との日々を語る』（小学館、二〇〇六年）は忘れてはならない一冊。自らが著したのではなく、『武満徹全集』の編集長自らがインタヴューしているということもあり、しばしば脱線しながら少なからぬ興味深いエピソードが披露される。そこには、創作という行為と、創作以外の仕事、日々の生活とが、ひとりの人物においてどういうバランスをとっていたのかをうかがい知ることができる。それはまた、二〇〇六年春にオペラシティ・アートギャラリーでおこなわれた回顧展とカタログ『武満徹 Visions in Time』（オペラシティ・アートギャラリー、二〇〇六年）で、より立体的に、つまり創作の記録としての楽譜のみならず、ノートや、知人友人たちの写真、美術作品、所有していたピアノと積み上げられた楽譜などからも立ちあがってくるものでもある。創作が遺すものは「作品」ではあるのだが、創作の現場が或る程度でも部外者にも開かれるのは、一〇年という時間を経なければならないのかもしれず、しかもそれを過ぎてしまったならば、そばにいた友人・知人、家族も遠くへ行ったり、忘れたりすることで、あらたな霧のなかにはいってしまう可能性もあるだろう。その意味では、研究はさらに続けられ、深められていくにしても、個人の記録／記憶という意味では、没後一〇年とはひとりの創作家を見定める地点であるのかもしれない。

☆

一九九二年一一月、つまり、作曲家の生前にちょっと変わった本が出版された。『カフェ・タケミツ　私の武満音楽』（海鳴社）である。著者は岩田隆太郎、森林生物学の専門家。ヴィーンに「カフェ・モーツァルト」がある。こういうカフェがあるなら、ほかに作曲家の音楽をずっとひびかせているところがあってもいいはずだ。そんな夢想から「カフェ・ドビュッシー」へ、さらに「カフェ・タケミツ」がでてくる。本書は「概念系列」「クロノロジー」「関連」「仕事の進行・普及についての考察」そして「エピローグ」というふうに、武満徹作品への入門書として、また、個人的な偏愛として、構成される。著者はあくまでみずからの視点で著述した、と、作曲家の意図とかけはなれているかもしれない、と述べる。でも、この時点、つまり作曲家の生前、まだいくつかの作品は生まれていない時点で、こうしたパノラミックな入門書が著されていたことは忘れずにいたい。

わたしじしんは本書についてごく短く匿名で紹介文を書いたことがある。そしてすぐ書棚にいれ、長いこと開くことがなかった。まさかじぶんが武満徹について書くことがあるなどとおもっていなかった。そういえば、とあらためて引っ張りだしたのはごく最近。あの時点、つまりバブル期が終わりを迎えたころにこうした本がすでにでていることに、つい、ため息をついた。もっとはやく想いだしていたら、わたしの武満徹論はまたすこしべつのものになった——かどうか。

武満徹という「いとなみ」

武満徹のようなかたちで、世界的にネットワークを持ち、多くの音楽家と交友しうる作曲家がいるかどうか。単純な批判は難しくない。肯定的に捉えながら、もっと違ったことをどうしたらできるようになるかを考えるのも必要だろう。作曲／コンポーズのみならず、制作／プロデュースの感覚も持つ、それはだが、自らの作品を、どんなふうに作れば売れるか、演奏される機会が得られるかを優先して考える「プロデュース」ではない（三善晃・丘山万里子『波のあわいに』春秋社に、その批判がある）。他者の創作、営為に対する興味を持ち、実際の音としてひびかせる場をつくろうとする、そうした意味で、だ。状況は二〇世紀の七〇年代や八〇年代とは大きく違っているけれども、現在の実験的な音楽を志向する人たち、より若い、武満徹の子どもやもっと若い世代の、アンダーグラウンド系の音楽家たちが、積極的に海外に出掛け、さまざまな音楽家とつながりを持っていくことは、そんなふうに意識はしないかもしれないにしろ、この作曲家がやっていたことの継承であるのかもしれない。

武満徹という作曲家は、コンサートで演奏されるべき「作品」を書くのみならず、映画や演劇、テレビやCMの音楽を多数作曲し、音楽祭を企画運営し、美しい文章を書いた。ひとりの人物がこのように多様なかたちで活動しえたことは、第二次世界大戦後の日本という状況とも深く関係しているだろうし、みごとに細分化された現在では、しようと思ってできることではないのかもしれない。そのうえで、では、武満徹がおこなっていた、ではなくて、たとえ「おこなった」かもしれないけれど、もしかしたら、実際には文章も書かなかったし、映画や演劇の音楽と深い結びつきをしなかったとしても、しかしアタマのなかでは、脳内ではぐるぐると言葉を動かしていた、思考していたことが、はたして現在の作曲家たち、武満徹と同世代でももっと下の世代でもいい、ともかくこうした音楽創作に携わっている人たちになされているのかどうか。つまり、音楽との複数の関わり方、音楽と言葉と、あるいは、音楽とひととを結びつけてゆく作業が、この作曲家ほど緊密におこなわれたか、おこなわれているか、と問いたくもなる。いや、音楽をつくるのと言葉とはべつのこと、とわかってはいても、だ。

☆

わたし自身、武満徹について少なからず文章を書いてきた。一冊で清算したかと思っていた時期があり、その後、「全集」が出版されることによって、また別の見方ができるようになった。さらにもう一冊書いたり、別に小さなものを書く機会も持ちえた。コンサートで演奏されるべく書かれた作品だけでなく、テープの作品や、映画やテレビの音楽も聴けるようになった、その「全集」の意味が大きい。ただ音源があるのみならず、豊富なデータが、言葉があり、写真がある。これらが、「著作集」とも、また、個別にリリースされていた音源とは別の角度から、この作曲家の姿を浮かびあがらせることになった。

「作曲家としての武満徹」以上に、ここしばらく考えさせられるのは、「ひと」としての武満徹である。わたしは一〇代の中頃、七〇年代の半ばくらいから、わずかではあったけれども作曲家と面識を持っていた。どこかで会えば挨拶をする。少し会話をする。本を送る。その程度だ。そうした意味では、家族ぐるみでつきあっていた人たちとは大きくちがう。それでいて、ほんのわずかでも「生身」を知るひとがどう生きてきたかというのが、今更ながらに気になったりする。

何が言いたいのかといえば、ひとの仕事というものがどれほどのものになるかが、これほど「見える」のは珍しい、ということなのだ。ひとは一生のあいだに、これだけのことをする、とのおもいがつよい。

具体的にいえば、先にも触れたように、「全集」「著作集」があり、その中身はといえば、音楽として残されているCDが、文章が集められている。それだけでもかなりのものではある。だが、それだけではない。たとえば展覧会があり、カタログがある。オペラシティ・アートギャラリーでおこなわれた『武満徹 Visions in Time』を訪れれば、音楽や文章以外にも、音楽祭のコーディネイトが、ポスターとして、プログラムとして展示されている。音楽祭は過去のものとなり、コンサートはひとつの記録、あるいは記憶でしかない。そうだけれども、そこには確実に「武満徹がいた」のである。あるいは、交友が写真として残っている。さらには、病床で描いたレシピや、コースターの裏に描いた絵、猫や娘と遊び、マイクを持ってうたう姿がある。ひとりの人物が生き、仕事をしていた、という軌跡を、いわゆる画家でも作家でもない、作曲家として、体感、体験できることは稀《まれ》だ。

オーケストラのために書いたスコアを目の前にしてみる。印刷され、市販されているものは、演奏もできるし分析もできるが、それでいて、ただの流通する商品であり、情報だ。しかし、作曲家はここにある音符ひとつひとつを鉛筆で書き、線を引き、指示を書き入れているのである。清書される前にはスケッチだってとっている。ときにはひとが手伝ったかもしれない。でも、これだけの音符を書き、それだけ書きながら、見えないおこないとして、けっして残らないかたちで、音を何度も確かめたり、書き直したりしたわけだ。そんなことを想像する。

作曲家は誰だってそうしてきた。バッハだってモーツァルトだって、ヴァーグナーだって、膨大な音符を書いた。それはわかる。それが音になって、現在のものとして生きる。それでいながら、ひじょうに身近なところで呼吸していた武満徹という人物がいて、多くの写真にも撮られ、文章も書き、という痕跡、海を隔てた過去の大家ではなく、二〇世紀末の、つい最近まで、仕事をした「量」が、具体的に「わかる」ことに、わたしは感じるものがある。

☆

誰でも生活している。仕事だけで完全に生きているものはいない。多くのひとの仕事は、日々のなかで消えてゆく。会社の売り上げに貢献したり、ひととひととのあいだをとりもったり、洩れる水道管をなおしたり、コピーをとったり、為替差損を計算したり、お客さんにお茶をだしたり、ゴミを捨てに行ったりする。それはあたりまえで、時々刻々、おこなわれている。それがどれほど大量であることか。それは過ぎ去ってゆき、堆積しない。残らない。忘れられる。武満徹だとて、そうした用事をした。生きているかぎり当然だ。そうしたことを差し引いてもこれだけのものが残っている。残ればいい、と言いたいのではない。そうではなく、こうして目に見えるかたちで残ることで、わたしたちがふだんやっていることの、なにげなくやっているけれどもやはり日々のいとなみのなかでやっていることの、もし「かたち」になるとしたら残っていただろうことの多さ、ひとというのは大したものだ、というものすごく凡庸だけど、それだけにリアリティを感じる、そうした意味で、武満徹の仕事を、他の、多くのひとたちの生のメタファーのように捉えている「わたし」がいる。

だからこそ、武満浅香夫人が語った言葉を本にした『作曲家・武満徹との日々を語る』（小学館）を読み、さまざまな発見があったり、笑ったりしながらも、ふいと言葉を失う。つれあいである作曲家が世を去ったことについての、「つまらないのよ」という一節に、だ。不在を語る言葉は多々あろうけれど、そばにいることがあたりまえだった、生のなかでともにあったひとがここにはいない、そのときに、たしかに自分も生きなければならない、娘もそばにいるし他のひととのつきあいもある、それでいてほかでもない、こぼれる言葉が「つまらない」であることの深み。ほかのどんな言葉よりも、誰かがいない、直接は知らなくても、たとえば「作品」が「文章」が、何かやっていることが、届けられるものが、もう、ない、ということへのどうしようもなさをこの言葉が語る。

武満徹が生きるなかでやってきたことは多かった。それに驚く。感じるものがある。このことどもがもうけっして増えることはないことを、つまらなく感じる。このつまらなさは、なにごとにもかえがたい。

武満徹　そのアプローチの複数性

　義務教育やさらにそれ以前に遡った時期のことなど、通常、ふりかえってみることはあまりない。それでも敢えて、字の書き順だとか数を足したり引いたりだとかを教室で学んだころを想いおこしてみるなら、そうしたなかに体育や音楽、美術といった、ただ机にむかっているのとは違った科目があったことに気づく。当時はなんの疑問もなかった。いや、いまだって基本的には、ない。それなのに、ここであらためて考えてみると、なにかしら不思議な気がしてしまう。こういうことどもも、わざわざ、教わらなければならなかったのだろうか、なんでまた学校で教わらなければならなかったのだろうか、と。子どもは野放しにしておいても身体を動かすし、絵を描いたり、うたったりする。学校いがいに親がなんらかの「教室」に連れて行ったりすることだってある。なのに、わざわざほかの科目とあわせて、学校教育のなかに組みこまれているということ。そういった意味では、体育や美術、音楽はもう文句なしにひとつの制度でありつつ、この組みこみが後年社会だとか世間だとかにでていったとき、ごくスムーズにスポーツ競技や芸術作品に接しうる下地の整えとなる。意地悪く考えなくてもいいのかもしれない。欲望は多形的であり複数的である。生まれてから月日があまり経っていない子どもは、この欲望をどう処理したらいいのかわからない。不定形で不安定な欲望にいくつかの通路を与えてやることによって安定をはかる。広義の「アート」教育はそうしたものだ。数学や理科や社会と同様、オプションとして「アート」もしくは「アーツ」がある、と。

武満徹という作曲家と活動を考えてみたとき、避けがたく立ちあがってくるのは、その複数性である。つらつら考えているうちに、まず、こうした義務教育期の「アート」を想いおこしてしまった。

誰だって、学校に行っているかぎり、好きでも嫌いでも、否応なしに絵を描いたり粘土をこねたり、うたを歌ったり、平均台に乗ったりする――させられる。大人になってからも、ひとによってはさらっとイラストじみたものを描きもしようし、カラオケで歌ったりもする。それでいて、こうした「アート」については、基本的に受け身の態勢がとられることがすくなくない。絵や彫刻はみにいくものだし、音楽はきくものである。ソファででれっとしながらスポーツ中継をたのしむのは日常茶飯事だ。受動的にだったら、かろうじて接触を保つことがあるものの、能動的には一歩二歩と足がひけてしまう。何年も何十年も文字いがいのなにかを描いたことなどないひとはざらだし、楽器などアンタッチャブルだとふるまうひともいる。一方、なかにはどれかひとつを専門職とした「アーティスト」も生まれてくる。画家や音楽家、スポーツ選手、もっと複数のジャンルを掛けあわせるようなしごともあるだろう。

☆

武満徹の作品は世界中で演奏されつづけている。文章家として、音楽を思考する人物としての評価も高い。何冊もの著作がある。短い小説があり、絵筆をつかった「絵画」もある。これらは、他者に対してひらかれているかどうかはともかくとして、個人のいとなみであり、欲望を外化するものとしてあった。欲望という語はたぶんにかるい意味で、だが。手が筆をにぎり、さっと線をひく。ぐるっと回る。そこで描かれる軌跡に色がついていて、交差したり並行したりするのを視線が追い、おもしろいとおもう。そんなものも含めてのこと。つまり、武満徹という人物はたしかに作曲家だったし中心に音楽があったが、ごくふつうの、あたりまえの行為として、みずからの積極的な欲望を抑圧することなく、視覚的な刺激やおもしろさを求めたり、ことばによってフィクショナルな世界にむかったりすることができた。ピューリタンな自己規制ははたらいていない。じぶんは何々だからこれをしてはいけない、するべきではない、というふうに禁じることは、もちろんある種の倫理はみずから抱いてはいても基本的には、なかった。なかったように、みえる。

「つくること」への自由さは、しかし、作曲と文章、とくに音楽や文化をめぐるエッセイとして知られるいがい、多くのひとに広まることはなかったし、広まる必要もなかった。パブリックなものとプライヴェートなものとの境界は厳格に定められるものではないし、揺れをともなうものであるにしろ。他方、ものをつくる、創作ではないかたちでの、武満徹の顔もあった。それは「文化人」としての発言者の顔であり、コンサート・シリーズなどの企画者・コーディネイターの顔である。

音楽いがいの分野で活躍している芸術家や学者とつきあい、積極的に文化について発言した。大江健三郎や山口昌男らと「へるめす」を創刊し、同人でありつづけた。

作曲家は作曲だけやっていればいい、音楽のことがわかっていればいい、と武満徹はおもわなかった。どこかでじぶんのなすべきことに集中する必要を感じていながら、そうした創作行為がなりたつインフラ、この列島や世界という文脈というものを考えようとすれば、不可避的に社会というものとかかわらざるをえないという状況がそこにはあった。第二次世界大戦が終結した後に成人し、活動をはじめたという時代状況、世代状況もかかわっていたのかもしれない。ただ好きなことをやる、音楽だけをやる、というだけではすまないとのおもいが個人的にはあったろうし、社会にむけて発言するためのことばの能力も、思考力もそなわっていたということもある。

大阪万国博覧会、東京での「ミュージック・トゥデイ 今日の音楽」といった何年もつづいたコンサート・シリーズ、八ヶ岳での夏の音楽祭、あるいは、「トーキョー・ミュージック・ジョイ」などなど。武満徹は、みずからの作品がただ演奏され、聴かれればいいとはおもっていなかった。みずからの音楽はほかのさまざまな同時代の音楽と「ともに」ある。そうした文脈をも同時に提示しなければぬけおちてしまうものもすくなからずあるのだということを理解していた。だからコンサートを企画する場合でも、ただ作品をならべるだけではなく、なんらかのテーマ性や意味性をもったかたちで構成し、同時に、みずからがたのしめるように、みずからが「聴きたい」とおもえるようなものにした。そうした傾向は年々つよくなっていき、晩年の八ヶ岳では、リゾート地という場所柄もあって、また、かつてにくらべて諸々の情報が容易に行き来できるようになったこともあったのだろう、よりひらかれたものになっていった。

コンサートとは、ただ企画するだけならともかく、出演者を選ぶ。あたった出演者とスケジュールその他の理由でむずかしかったなら、べつのひとに声をかける。そうしたひじょうに面倒なプロセスを経なければなりたたない。ひとりがやるのではなく、ほかにもスタッフがいる。そうしたひとたちともしっかりコミュニケーションをとらねばならない。会社組織のなかでの「ほうれんそう（報告・連絡・相談）」――もはや死語かもしれない――がなければ、スムーズなコーディネイトなどできはしない。そんなコミュニケーション能力をそなえていたことも、武満徹の重要な気質としてある。いや、武満徹のみならず、ただ「天才」や「才能のある」というだけでは、この複雑な世のなかで成功することは容易ではないだろう。

☆

武満徹の幅のひろい、「マルチ」な活動をささえていたのは、この人物がじぶんのやること、やろうとすることをつねに言語的に把握しつづけたことにある。ただ欲望のままに作品をつくるのではない。どう作品に結実させるか、楽譜に確定する以前、武満徹は図形や絵、ことばなど、さまざまな手段でふちどっていたことは本人も述べていた。そしてより具体的なかたちで、他者とのコミュニケーションにも、ことばが必要とされたのは言うまでもない。

　無音無声であることはいっさいの音からの解放を意味しているが、これは、ことばから自由ではあるが、ことばを失ったことを意味するものではない。無声映画では耳に聞こえることばこそなかったが、「言語《ことば》」というものを考えるときより純粋なものの存在をそこに感じる。いずれにせよ、人間《ひと》が思索し、あるいはものを生むためには、言葉の杖を離すことはできない。(「夢の時」)

映画についてのエッセイから引いた。ここにでてくる「言葉の杖」は、対談集のタイトルの一部にもつかわれたことがあったが、武満徹にとって「ことば/言語/言葉」は、そのすべての活動に、いや、生について考えるとき、避けることのできない要因なのだ。欲望とことば、そして、かたちとしてあらわれてくるさまざまな、マルチな活動。「武満徹」へのアプローチはまだ多くの入り口を隠している。

武満徹のほうへ

武満徹の名を世界的にしたのは、琵琶と尺八という日本の楽器と、ヨーロッパ近代のオーケストラを対置させた、一九六七年の《ノヴェンバー・ステップス》だった。列島は高度成長期。東京オリンピックを終え、大阪万国博覧会開催の途上で、世界的に広がる学生運動が翌年には生じるだろう。

一九三〇（昭和五）年に生まれた武満徹が一五歳になる年、第二次世界大戦は終結する。フランスのシャンソンをふとしたきっかけで耳にした少年は、将来、このすばらしい音楽というものを職業にしたいと考えていた。しかし少年が憧れた音楽は、日本の古くからある音楽、音楽の文化とはかなり異質なものだった。西洋音楽への憧れがあり、しかしただそれを模倣するのは、何か、違う。そう考えながら、少年は青年になり、大人になってゆく。少しずつ鉛筆の先から音楽が生まれおちるようになってくる。

「ぼくは、一九四八年のある日、混雑した地下鉄の狭い車内で、調律された楽音のなかに騒音をもちこむことを着想した。もう少し正確に書くと、作曲するということは、われわれをとりまく世界を貫いている《音の河》に、いかに意味《シニフィエ》づけるか、ということだと気づいた」(「ぼくの方法」)。

ヨーロッパやアメリカからは新しい動向が伝えられ、若き芸術家たちは、敏感に反応する。武満徹も例外ではなかった。次第に仕事をしていくなかで、ミュージック・コンクレートと呼ばれる、楽器の音ではなく、具体的な音でつくられる音楽も知り、自分とおなじ考えだと、海を隔てた世界との同時代的共感をも抱くことになった。「音の河」という考えは若き武満徹のなかで、文字どおり、ながれつづける。

コンサートで演奏される音楽＝作品のみならず、武満徹は映画や芝居の音楽を積極的に手掛けた。子どもの頃から大の映画ファンでもあったし、ひとつの映画のなかにはさまざまなシーンがあって、そのたびごとに音楽のスタイルを変えたり、音響的な実験を試みられることも意味を持っていた。

そんななか、従来の西洋楽器を使っているだけでは、飽き足らないと思わせられる脚本が作曲家の手元にやってくる。『怪談』である。

タイトルを見れば、おわかりだろう、小泉八雲ことラフカディオ・ハーンの有名な原作を小林正樹が監督する『怪談』だ。ここで武満は、木を折ったりするような現実音から、謡、義太夫、太棹三味線、胡弓や琵琶などを用い、これら「日本の楽器」は、ただ「日本」的なストーリーや背景にフィットするだけでない、画面と拮抗する音、音のつよさ、緊張感を生みだすこととなった。おなじ六〇年代、NHKのドキュメンタリーのためにつくられた『日本の文様』でも、箏と筑前琵琶がつかわれ、武満徹の、西洋楽器とは違った、いや、西洋楽器ではありえない、日本という国に伝わってきた音のありかへの手探りが開始された。

西洋の楽器はどのように組み合わせてもほぼ違和感がない。しかし、日本の楽器をおなじように扱ったら、どうだろう。琵琶といい、尺八という。この二つの楽器が出会い、ともに「共演」することなど、かつてはありえなかった。それぞれの出自も、置かれた文脈も異なっていたからだ。

武満徹はおなじ舞台にのせてしまう。映画やテレビの音楽で試した後は、《エクリプス》というコンサートで演奏されるべき作品として発表する。鶴田錦史、横山勝也という二人の演奏家との出会いがあった。

ただの「共演」ではない。旋律と伴奏とを和気藹々《あいあい》と奏でたりはしない。音符ではなく、ときに図形のような楽譜が挿入され、二人の演奏家はほとんど切るか切られるかの勝負をする。そっと吹きこまれ、かすれるような息の音から、竹やぶを吹きぬけてゆくような太い音、甲高い叫びのような音、割れ鐘のような音までを奏する尺八。高く、か細く、遠くから旋律らしきものがひびいたかと思うと、短く、余韻を残しながらだんだんと間をつめ、唐突に打ちこむ琵琶の衝撃音。エンタテインメントでなく、真剣勝負。

「琵琶の一撥、あるいは尺八が発する一音は、既に永い時をかけて醸成されたひとつの完結した世界を直截に示すものであり、そのような世界から離れて何事かを表現することは不可能に近い」（《秋》についての武満徹のことば）。

指揮者・小澤征爾は《エクリプス》を聴いて衝撃を受け、ニューヨーク・フィルハーモニーの事務局に、おもしろい作曲家がいると推薦する。折しもこのアメリカ合衆国最古のオーケストラは、一二五周年を迎えようとしていた。もし、日本の伝統楽器と、西洋のオーケストラのための作品ができたら、どうか。これまでに例がないものとなるのではないか。琵琶と尺八、一対一の勝負に、さらに、武満徹は西洋由来のオーケストラを対置しようとする。それはけっして容易なことではなかった。ときには、弱気になって日本の楽器をはずした作品では駄目だろうかと打診し、さらにまた撤回して、《ノヴェンバー・ステップス》は初演を迎える。

「オーケストラに対して、日本の伝統楽器をいかに自然にブレンドするというようなことが、作曲家のメチエであってはならない。むしろ、琵琶と尺八がさししめす異質の音の領土を、オーケストラに対置することで際立たせるべきなのである」（「十一月の階梯」）

《ノヴェンバー・ステップス》はまたたくまに有名となり、世界中で演奏されるようになる（わたしも二〇〇七年一一月、ヴェトナム、ハノイでの初演に立ち会った）。しかし、それは、一聴してすぐに「ぴんとくる」かどうかはわからない。

武満徹の音楽を、いわゆる一八世紀、一九世紀の「クラシック」とおなじように聴く、音楽のながれにすっとはいっていけるかというと、かならずしも、そうはならないかもしれない。なぜか。そこには、音楽とは何かという問いを、音楽をとおして思考＝志向しようとする側面があるから、というのがひとつ。もうひとつは、いわゆる「クラシック」の時代から、二〇世紀前半のさまざまなヨーロッパ内外での音楽の革新があり、しかも「日本人」が西洋音楽をやる、本来はドレミファとは異なった音のならびをもっていた日本の音楽のなかで、どんなふうに、「芸術音楽」をつくるのかという問いとねじれがこめられているからだ。

☆

小学校の音楽という教科のなか、メロディ、リズム、ハーモニーという三つの要素で成り立つ、と習う。それは地球上すべての音楽にあてはまるわけではない。むしろ、西洋近代から引き継がれ、広まった音楽の捉え方でしかない。武満徹の音楽は、そうした要素もありながら、そうではないところも随分とある。メロディが聞きとれるところもあれば、ひとつの音と次の音とがとてもはなれていたり、大きく跳躍したり、メロディに感じられないことだってある。次々にいろいろな楽器がはいってきて、ひびきは混沌とし、どこをどう捉えたらいいのかわからなくなってしまうことだってある。

私たちの耳にメディアをとおしてはいってくる多くの音楽は耳ざわりよく、拍子がとれ、リズムにのって、メロディを口ずさむことができる。それは、しかし、多く耳にするがゆえに、慣れてしまっているだけ、ではないだろうか。いつしか慣れてしまった「型」を音楽だと思いつづけているのではないか。

たとえば——蜘蛛の巣についた水滴が揺れたり、雪がこんこんと降り積もっていったり、ふと踏んでしまった草がまたゆっくりとおきあがっていったり、紅葉した葉がひらひらと複数の色合いをみせながらぽとんと池に落ち、みなわをつくったりする。こういうさまを想い浮かべながら武満徹の音楽を聴いてみたら、どうか。そうしたさまを背景にながれるＢＧＭではない。自然そのもののありようやうごきは、身近にある多くの音楽ではありえないのではないか。

わざと俗っぽく《ノヴェンバー・ステップス》を、琵琶と尺八を武蔵と小次郎、オーケストラを二人の戦う浜辺そのものとして聴こう。真剣勝負の背景には、管楽器の重い音が、ハープの鋭い音が、反響する金属打楽器が、うねる弦楽器が、ひびく。松の木は揺れ、太陽は瞬間雲に隠れる。陽の光を剣は瞬間、反射する。砂が飛び散る。音楽は音によって演じられるドラマにほかならず、そのドラマは、それぞれの文化によって異なっている。

☆

《ノヴェンバー・ステップス》での琵琶、尺八に対して、オーケストラの動きはけっして派手ではない。スポットライトは独奏者たちにあてられている。おなじ編成で、六年後に作曲された《秋》になると、もっと音楽がダイナミックになり、オーケストラのひびきも多彩になる。音と音がより有機的につながり、動く。

「結局、私が邦楽器とオーケストラなどによって試みているのは、異なるものを同質化したいという欲求によるものであり、しかしそれは果たしてはならない夢なのである。私は自分の欲求を増幅し深めるために、オーケストラと邦楽を同時に使うというような無謀な企てを試みる」(《秋》についてのことば)。

七三年、武満徹は、《秋》とともに、三面の琵琶のための《旅》、雅楽のための《秋庭歌》を書く。以後、日本の楽器と西洋の楽器を組み合わせる「作品」は、ほとんどなくなってしまう。作曲家の先の言葉を引くなら、「無謀な企て」から遠ざかるのだ。

《秋庭歌》はその後、幾つもの部分が書き足されて、一時間ちかくの大作《秋庭歌・一具》

となる。古くから伝わる雅楽でありながら、大きな編成を幾つものグループに分割し、立体的な音響で構成するこの作品は、同時期に作曲された西洋楽器の作品とも、あるいは《秋》や《旅》とも大きく違っている。この古いしきたりのある楽器編成のせいもあるかもしれないが、メロディのつくり方や楽器のひびきが、どこかビッグバンド・ジャズと通じ、また、ステージの左右で交わされる打楽器の、鹿おどしのようなエコーを典型とするような、あまり西洋においては見出されないような空間性、時間性があることにもよっている。

七〇年代以降、武満徹の音楽は前衛的、実験的傾向から、より自由な、開かれた音楽に、言い換えれば、「わかりやすい」音楽になってゆく。作品の多くは海外から委嘱され、日本で演奏されるのは、初演の後の再演という事態が増えてくる。デリケートな質感をもち、ところどころに美しい、かつての作品には垣間見られる程度だった親しみやすいメロディが奏でられるようになる。武満徹の音楽は、多くのひとに開かれるようになっていた。

日本の楽器とオーケストラを対置させたコンサート用作品は、《ノヴェンバー・ステップス》と《秋》のみだったが、亡くなる四年前の《セレモニアル》で、もうひとつだけ追加される。短い作品で、雅楽に用いられる笙が、最初と最後に、オーケストラの音楽をサンドウィッチするようなかたちで吹奏される。《秋庭歌》の素材が用いられ、美しい。もし《秋庭歌》を聴きこんでいたなら、「こだま／エコー」を聴きとることができるだろう。

《セレモニアル》では、琵琶と尺八のような「対決」はない。ごく短いあいだに重なることはあっても、笙の演奏部分とオーケストラのそれとは別のようにして、ある。琵琶と尺八がそれぞれに持っていた音の特質と笙の特質とは別のものであり、そうした特質の違いこそが、この作品を要請したともいえる。かつて書いた雅楽のための作品がそっと姿を現し、去ってゆく。その姿は、舞い降りてくる天女のような軽さ、はかなさをもつ。はじかれるハープの音は、雅楽でつかわれる楽箏の音のように立ちあがり、消える。

笙は、竹の管にリードをとりつけ、円筒形にならべ、複数の音を同時に発することのできる楽器だ。そのひびきは、日本のひびきであると同時に、「東西」を超えた、汎世界的なものといえようか。だからこそ、武満徹は、西洋由来のオーケストラとともに「果たしてはならない夢」を、ここで実現させえたのかもしれない。

武満徹を親しむ一週間

【月曜日】まず、タイトルも魅力的な《海へ》（一九八一年）を聴こう。演奏家たちからも愛され、楽器編成の異なる三つのヴァージョンがあるが、やはりオリジナルのアルト・フルートとギターで。

「海」ではない。海の描写ではない。「海へ」。海への方向性、志向性がこめられている。英語では「Toward」。こうしたニュアンスが武満徹には生きている。〈夜〉〈白鯨〉〈鱈岬《ケープ・コッド》〉という、メルヴィルやソローを想起させるタイトルの三曲は、凪《なぎ》が、ふと、脅かされるかのような不穏さを漂わせながらも、どれもゆったりとしたひびきを保ちつづける。ギターのトレモロ、フルートの低音域が、波の揺れや水の深さを感じさせるかもしれない。ひとつの音がすーっと伸びていくなか、ほんのわずかにその音色が変化する様子も聴きとれるかもしれない。ここに、音楽が生きている。音楽とは、音が動くものだ、ということがよくわかる。ギターは、広い音域にわたってアルペジオを上昇、下降させ、和音はぽつり、ぽつりと浮標のように、ひびく。

アルト・フルートとギター。息を吹き込み、「絃」をはじく。とてもプリミティヴな楽器の組み合わせだ。二つの楽器を武満徹は愛し、遺作もまたそれぞれをソロとしたギターのための《森のなかで》(一九九五年)とフルートのための《エア》(一九九五年)であった。

武満徹の音楽を聴くにあたって、コツのようなものがもしあるとすれば、何よりも呼吸を添わせてみることだ。曲に耳をかたむけながら、息を吸って、吐く。このくりかえし。息がつづかないほど長いフレーズや、逆に一瞬、一瞬をつなげていくような表現だってあるけれど、そんなときはイマジネーションで補ってみればいい。フルートに息を吹き込んでゆけば少しずつ苦しくなる。だから、短い、一瞬のあいだに、つよく息を吸い込む。肺に空気が送り込まれて、ふくらむ。ふたたび唇をとおして吐きだされるときには、楽器特有の音色が奏でる「うた」になっている。

ギターでも変わらない。絃をはじくと、音が、つい、と、たちあがり、でもすぐに減衰し始める。この一音一音のたちあがりと減衰のあいだから、音楽が紡ぎだされてくる。ちょうど、息とともに音がのびてゆくフルートとコントラストをなしながら。

もっとギターの作品を聴いてみたいと思ったら、パウル・クレーの絵にインスパイアされた《すべては薄明のなかで》(一九八七年)や《エキノクス》(一九九三年)、あるいはポピュラー曲を鮮やかにアレンジした《ギターのための12の歌》(一九七四年/一九七七年)でもい い。その余韻は、これから始まる一週間の「基調音」となって静かにふるえつづけてゆく。

☆

【火曜日】二人の音楽家が、それぞれの体温を感じ、呼吸や音を聴きあいながら音楽を生成してゆく作品が《海へ》だった。では、もっと多くの音楽家が集まると、どうなるだろう。

今日とりあげるのは、語り手とオーケストラのための《系図──若い人たちのための音楽詩》(一九九二年)。語られるのは谷川俊太郎の六つの詩。英語のタイトルは「Family Tree」。武満徹にとって「樹木」とは、「水」とともにひとつのテーマ系をかたちづくっており、ひととひととの関係、つながりが、ここでは樹木と重ねられている。

オーケストラの音楽は、大勢のひとが、指揮者のもとに、ひとつのながれ、うねりを生みだしてゆく。さまざまな楽器が出たり入ったり、積み重なったりする。《系図》では、音楽と切り離しがたいかたちで、いや、音楽作品のなかにあるものとして、詩が、朗読の声がある。詩は音楽を説明しないし、音楽もまたしかり。独立しながらおなじ時間と空間を共有しあうのだが、ときどき、す、っと交差しもする。「若い人たちのための」と副題にもあるように、親しみやすく、ふっくらとした希望をたたえている。何度もくりかえし聴くうちに、メロディが自然に唇のはしに浮かんでくるようにもなる。

ひとが生まれたところから、どこかわからないところへ行くまで。六篇の詩のならびは、生の神秘を、しかし神秘的ではなく、明晰にうたう。音楽も同様だ。音が消えてしまえば、音楽は終わってしまう。けれども余韻は消えない。耳をかたむけているもののなかに残っている。その意味では音楽も、発語される言葉も、そして生も、すべてパラレルであることを、《系図》の音楽は、これまでにあった音楽語法のすべてをやさしく包摂するように、肯定的に、語る。

ひとの、いや、生きとし生けるものの、すべてこの世にあるものの、生命。音の、音楽の生命。武満徹がピアノのために書いた作品からもそんなことを連想してしまうのは、打鍵した瞬間に減衰してゆく音、その先に広がる余韻と残像のなかに、生命のつらなりのようなものをこのひとが聴きとっていたからか。ピアノのための《フォー・アウェイ》(一九七三年)は、三つのペダルでさまざまにピアノの残響を組み合わせる。それはいま・ここで演奏されていながら、しかしどこか遠くにむかって音が投げかけられるような、それがすぐさま懐かしさとなって還ってくるような、不思議な音楽だ。

☆

【水曜日】武満徹にとって大きな位置を占めている仕事に、映画のための音楽がある。小さいものまで含めると一〇〇本にものぼろうか。今日は、映画の音楽をとおして、武満の語法の多様さに触れてみよう。ただ映画が好きだから、仕事をしたということにとどまりはしない。多くのひとと一緒に仕事をするという「現場」感覚がこの作曲家を惹きつけていたことも忘れてはなるまい。それはまた、オーケストラという大所帯との作業にもつながっている。

映画の音楽を単独で聴くよりも、まず、映画を虚心に観てみよう。安部公房原作、勅使河原宏監督の『砂の女』（一九六四年）。砂のなかにある集落で、男女がいとなむ不思議な関係。抱き合う裸身の背後でひゅるるるるるというひびきが上下に動いてゆくのは、弦楽器によるグリッサンド。愛撫のさなかに砂が重い液体のようにながれてゆくさまがインサートされるモノクロームの幻惑的な映像だ。砂がすれ、軋むようなひびきが、皮膚感覚を刺激する。公開当時は、観客が砂をぱたぱたと払うようにしながら映画館を出ていったというエピソードさえある。蟻地獄のようなところで争う二人のシーンでは、日本の太鼓が乱打され、かけ声があがる。無言で見下ろしているのは、水中メガネをつけた、目の表情が読めない、無言の男たち。なまはげのようでいて、その無言が不気味さを強調していた。

黒澤明監督の『乱』（一九八五年）。冒頭、晴天のもとに広がる草むらの映像。ほとんど音はない。突然、イノシシが現れ、駆けてゆく。その息づかいと草の倒れる音、追う人びと。

連打されるパーカッション、笛の音。ストーリーの発端をさりげなく提示しながら、一挙に音によって緊張が昂まる。スクリーンに現れる大きな「乱」の文字。城が攻め落とされるシーンでは一切の具体音、環境音は消され、かわりに重苦しいマーラーを想わせるオーケストラのひびきがかぶさってくる。妙に現実感の希薄な、悪夢のような光景が延々とつづく。そこへ瞬時に現実音が重ねられたとき、観ている側もぐっと身をのりださずにはいられない。

おなじ黒澤明でもずっとリラックスしているのは『どですかでん』(一九七〇年)。空想の電車を運転する主人公「六ちゃん」。六ちゃんの視線でくず置き場が捉えられ、また囃《はや》したてる子供たちの位置から六ちゃんが捉えられる。どことなくノスタルジックなトランペットやアコーディオンのメロディが重なってくる。観ているといつしか目頭があつくなる。

映画を観ながら、音や音楽に対していつもより少しだけ注意ぶかくなることで、武満徹がそれぞれの作品で何を考え、どう工夫を凝らそうとしたのかが、少しずつわかってくる。映画のための音楽は、場面とともにあってこそ、その意味を充分に発揮することができるのだ。

☆

【木曜日】今日とりあげるのは、雅楽《秋庭歌・一具》(一九七三年/一九七九年)。

「雅楽」といえば、小学校の音楽の時間か神社での結婚式でおなじみの《越天楽》のイメージがつよい。「現代」とおよそかけ離れたテンポ感も相俟って、どれもおなじに聞こえてしまったりする、この列島の宮廷音楽。でも、なぜ現代音楽の作曲家が雅楽なのかという疑念は、《秋庭歌》のひびきに浸っているうちに消えてゆく。宮廷の儀式といった人為的な様式性とはかけ離れた、「日本」ととりあえずは呼ばれている温帯――近年はほとんど亜熱帯？――の列島における風景や空間、季節感、時間のながれ、が喚起される。

冒頭の、鹿おどしを想わせる木のひびきとその木魂《エコー》。低音を生かした篳篥《ひちりき》。間の緊張をつめてゆく鞨鼓《かっこ》。鳥の鳴き声のような横笛。バックグラウンドをつくってゆく笙。複数のグループに分けられた楽器群は、ステレオ効果で、左から右、右から背後、そして全体、というふうに聞こえ方を変化させる。

序破急などといっては古典的にすぎるかもしれないが、静かでのんびりした調子から、だんだんとアンサンブル全体に波動が伝わってゆき、楽箏の短いアルペジオ、楽琵琶の一打ちが、緊張感をぐっと高める。ひとつの旋律を、西洋風のカノン－輪唱のように、でも、少し変化をつけながら、異なる楽器が追ってゆく。

何度も聴いていると、使われている旋法のせいなのか、ジャズのビッグバンドとの親近性だって発見できるかもしれない。西洋音楽とアフリカ由来の音楽が「二〇世紀」という時代にブレンドされてジャズが生まれたのと似て、中国・韓国由来の音楽が日本で混血し、「二〇世紀」の、それも西洋音楽に影響された作曲家の手によって料理されたことで、どこか近い質感が生まれているだろうか。

ここでも月曜日に提案したような呼吸を試してみるといい。いつのまにか落ち着いてこないだろうか。「癒し」や「ヒーリング」という言葉は好きではないけれど、《秋庭歌》という作品はひとの呼吸に寄り添うようにつくられているのだ。

もうひとつ、《秋庭歌》のながれで聴いておこう。笙とオーケストラのための《セレモニアル》(一九九二年)。笙が最初と最後に現われるが、あたかも西洋楽器によるオーケストラに雅楽の聖霊がすっととりついてひととき舞い、去っていくとでもいうような音楽で、ここに《秋庭歌》のテーマが転用されている。天女のようにかろやかに楽器から楽器へと移し替えられる旋律。こぶりながら、西洋オーケストラによってこそ可能なひびきの重なりの美しさが実現されている。

☆

【金曜日】不思議なもので不協和音や特殊な技法によるサウンドというのは、「音楽作品」として聴かされたときにはなかなか親しみをおぼえることが難しいのだけれど、それが映画のなかでひびいているとさしたる違和感もなく受け入れてしまう。映画をとおして、自分にとっての新しいジャンルや音楽語法に親しむというのも、ひとつの方法だったりする。

水曜日は、映像とともにあった武満徹の音楽に触れてみたが、今日はわざと音楽だけをとりだして、聴いてみよう。「サウンドトラック」である。

映画監督別に編集されているCDでは、驚いたり、和んだり、かけているだけでどんな映画なのだろうと気になってくる。ほとんど題名だけで、内容を知らない作品も少なくないから余計にだ。ポピュラー音楽のスタイルが使われているなかに、突然、思いがけない斬新なひびきが挿入されることもある。そうした不意打ち感がおもしろい映画というのは、場面場面で観るひとに異なった「効果」を、映像と音楽がともに、与えなくてはならない。

クルト・ヴァイル風とでも形容できる『他人の顔』のワルツ。ハリウッド風の明るさのなか、ハーモニカのメロディがちょっとした「ひとりぼっち」さを喚起する『太平洋ひとりぼっち』。タンゴっぽいバンドネオンの音が印象的な『女体』、ラテン調の『素晴らしき悪女』。シャンソン風『不良少年』。フレンチ・ポップスを想わせる『あこがれ』。バート・バカラック風の『夏の妹』。ハイ・ファイ・セットが主題歌をうたった『燃える秋』。

そのときどきのポピュラー・イディオムがさりげなく、うまく料理されている。とりわけ武満徹が愛したジャズの語法は、さまざまな映画で活用されている。『サマーソルジャー』や『からみ合い』、ユーモアさえ醸しだす『異聞猿飛佐助』、ストイックで緊張感のあるリズムを弦楽がくりだす『ホゼー・トレス』も挙げたい。

水曜日に観た『砂の女』や、小林正樹監督『怪談』のような、「現代音楽」の語法を多用した緊張感の高い音楽もある。『怪談』では現実音によるミュージック・コンクレートや和楽器が多用され、多くのひとにショックを与えた。ここではコンサート作品と共通する、はじけるような音、音色への透徹した感覚を生かした語法を用いられる。『四谷怪談』では不穏な空気がたちこめ、『黒い雨』では、弦楽の、重層的なひびきのなかに、濃い影が帯びる。

驚くのは武満徹が駆使した音楽的語法の幅広さだ。ひとりの人物のなかには一体どれほどの引きだしがあるのだろう。しかも、異なったタイプの音楽のあいだを往還できる自由さ。そんな精神の自由さをはたしてわたしたちは持ちえているだろうか?

☆

【土曜日】「この音楽はじつにきびしい、まったくきびしい。このようなきびしい音楽が、あの小さな男から生まれたとは……」——来日したストラヴィンスキーが《弦楽のためのレクイエム》(一九五七年)を評した言葉はよく知られている。およそ派手とはいえないこの作品は、しかし、ほとんど無名だった作曲家を世界へとつなげてゆく大きな契機となった。第二次世界大戦が終わってようやく一〇年を越えた時期。これから高度成長へと向かおうという時期。しかしまだ明るいだけの世界にはなっていない。慕っていた作曲家・早坂文雄は亡くなり、武満徹自身も結核を患っていた。

くぐもった弦楽器の低い音のうえ、テーマが奏される。けっして長くはない。朗々といった形容からはほど遠い。言いたいことがあり、語り始めるけれど、ふと、言いよどみ、沈黙にかえってしまう。でも、この語り口に嘘はない。いいかげんで、その場かぎりの、虚飾に満ちた派手なふるまいとは無縁の、真摯で誠実な音。中間部では低音弦楽器がうねるような音型を奏で、幾分、音楽は烈しさを増す。とはいえ、それもまた、冒頭のテーマが回帰し、あらためてうたが紡がれるなか、音楽がなくなる時間のなかへと融解してゆくかのよう。武満徹はしばしば「音の河」という言い方をしたが、まさに河の流れのなかへとかえってゆくとでもいうように。

《弦楽のためのレクイエム》とともに、武満徹作品として、もっともタイトルが知られている《ノヴェンバー・ステップス》（一九六七年）。琵琶と尺八という日本の楽器が、ヨーロッパ由来のオーケストラとおなじステージに載るという珍しい編成である。その珍しさと海外での評価のゆえによく知られてはいても、その「有名さ」がしばしば武満徹の音楽への親しみを妨げてきた。

四つの物語からなるオムニバス形式の映画『怪談』には、木を折ったり割ったりする音だけで音楽をつくっている一篇「黒髪」があった。ぱし、っとか、めり、っといった音が生みだす緊張感、空間感覚が、この曲でも生かされている。

竹やぶを吹き抜ける風が、さまざまな音をたてる。それに似た尺八の音。琵琶の、弾くというより叩きつけるような、あるいは擦るような音。楽譜はしっかりとひとつひとつの音が書き込んである部分と、図形を用いて、演奏者どうしがどんなふうに音を交わらせるか、発して、受けるか、を記している部分がある。メロディやハーモニーという捉え方ではなく、二つの楽器が「真剣勝負」をしているような光景。オーケストラは、対決の背後に、雨や風、さらには雷をもたらす。ただ音響を発生させる「集団」「装置」というより、さまざまな人格が集まってできた有機的な生きもののように扱われ。

武満徹の音楽を聴くうえで大切なのは、音の動きだけではなく、アタックとサステイン、音の立ちあがりと持続、減衰という、音の「さま」に耳をかたむけられるかどうか。短いこうした音の「生」に接することで、武満徹の、にかぎらず、音楽への触れ方は変わってくる。

ふと訪れる休止符――静寂、沈黙が、ただ音がない状態である以上に、もっと濃密な何かが詰まっているように感じられたとしたら、そして、そうした緊張感に満ちた空間と時間を捉えることができたとしたら、それこそが《ノヴェンバー・ステップス》を「感じた」ということ。どのモティーフがどうなって、と「わかる」ことより、よほど生身の聴き手として、意味がある、音楽＝芸術を自分のものとして感じられていることなのではないだろうか。そしてこの作品には、《弦楽のためのレクイエム》とは異なった「きびしさ」がある。

☆

【日曜日】一週間も終わりの日を迎えた。

今日は特に、音のひびき、音の質に耳をかたむける作品を聴いてみよう。メディアを通じてながれてくる多くの音楽にはないような音、「不協和音」と学校では教えられているような音、現実にある具体音。さまざまな音の表情に接してきたうえで、武満徹が組み合わせる楽器の音＝色《トーン・カラー》と、その音たちの生きものとしての溌剌としたいとなみ。特に室内楽作品においての。

武満徹にとって水や樹、風は大切なテーマ系だったとすでに記した。そうした系列の作品はいくつも手掛けられたが、シリーズとなっているもののひとつに、大江健三郎の小説にインスパイアされた《雨の樹》がある。ここでは三人の打楽器奏者のための作品を聴こう。ヴィブラフォンやマリンバを叩く衝撃音と余韻とが、音楽のひびく空間のなかに、からりと乾いた感触と湿度のある感触を、入れ替わりに、また、併行して浮かびあがらせる。ミニマル・ミュージックの要素が部分的にみごとに咀嚼《そしゃく》されているのも、大きな樹木についた無数の葉、葉うらの水滴というイメージを喚起する。

ヴィブラフォンやマリンバという似たタイプの鍵盤打楽器とつなげて、金管楽器のアンサンブルのための小品にも触れたい。《デイ・シグナル》《ナイト・シグナル》は、もともと音楽祭のために書かれたものだが、この作曲家の手になると、華々しさが先にたつ金管楽器もこんなふうになるんだと驚かされる。マウスピースを唇にあて、唇が振動して音となる。そのデリケートなプロセスと、複数の音楽家の発する音の、ビロードのような質感。いたずらに空疎でない、ひとが音楽を奏でる「音楽祭」のためのものを感じさせるファンファーレ。

しめくくりとしてとりあげるのは《そして、それが風であることを知った》（一九九二年）。この美しいタイトルは、晩年の武満徹が愛読していたアメリカの女性詩人、エミリ・ディキンスンの作品の一節からとられている。フルート、ヴィオラ、ハープというおなじ編成で書かれたドビュッシーの晩年の作品があるけれど、武満徹が敬愛するこのフランスの作曲家へのオマージュにもなって。異なった発音機構を持つ三つの楽器が、それぞれの音＝色《トーン・カラー》を生かしながら、テーマと呼ぶにはあまりに短い、数個の音からなる音型を、さまざまに変形し拡大してゆく。ヴィオラの長く延びる音に、ハープのアタックのつよいアクセントが、やわらかいアルペジオがとおりすぎる。フルートに吹きこまれる息によって、「うた」の断片が生まれては、消えてゆく。こうして武満徹の音楽を聴いてくると、ただ聴くだけではなく、聴く側、「わたし」がどんなときに、どんな作品があったらいいか、必要か、とおもいが変わっているのに気づく。

☆

まだ聴いていない作品も多い。主観的に「これは」と思うものを中心にとりあげてみた一週間だった。こうしたメニューでさえ、日によって、変わってくる、くるはずだ。どんな音楽でもそうだけれど、一回きりの体験ではなかなか「みえて」はこない。何よりも大切なのは、親しむこと。でも慣れてしまわないこと。つねに新鮮さに驚く感性を確保しながら、聴きつづけること。

明日は、そして一年後は、聴き方がどう変わっているだろう……。

こぼれ、ひろって

「イメージ」

琵琶をかまえたスーツ姿の人物と武満徹が和室でむかいあっている。楽器は手にしていないが、おなじかまえをしている。

もうすこしで天候が変わりそうな、どこか不穏な空の下、のびた草のあいだでからだをかがめぎみにしている武満徹。

リヴィングルームでつれあいの浅香さんと、娘の眞樹さんと、笑っている写真。武満徹はたしか、両足をそろえて輪投げをしていたのではなかったたか。

大江健三郎、谷川俊太郎、湯浅譲二、そして武満徹が、料亭かどこかの和室で卓をかこみ笑っている。奥のほうにいる武満徹はネクタイをしており、湯浅譲二はストライプのズボンをはいて胡座をかいている。

はじめて、ある程度まとめて、武満徹の写真をみたときのことだ。厚い月刊誌のはじめのほうにグラビアのようになっていた。

記憶に誤りはあるかもしれない。リヴィングルームに猫がいたかいなかったか。輪投げなんかしてなかったかどうか。このあたり、おなじときに撮られただろうほかの写真、のちに何枚か目にする写真とごっちゃになっているかもしれない。友人たちと談笑しているのも、もしかしたら、ひとりくらい違っていたかもしれない。まちがっていたらごめんなさい。

雑誌は「文藝春秋」。おそらくは、一九七三年九月号。わたしは中学生になって半年くらい、だったか。

目当てにしていたのは三木卓の『鶸』だった。第六九回の芥川賞受賞作。新聞広告で全文掲載とでていたのだとおもう。この回の前、第六八回の郷静子『れくいえむ』から、芥川賞なるものにすこし関心をもつようになっていた。中上健次が、村上龍が受賞するのは数年先。芥川賞の受賞作が掲載されているとの理由で、親にねだって雑誌を買いに行き、家でひらいてみると、武満徹がいた。

ひとりの人物の写真を何枚もまとめてみる機会は、かつて、そんなに多いことではなかった。ましてや子どもがいろいろなものに目をとおすことなど。たまたま目にはいって、ということがあれば。このときのイメージは、しばらくのあいだ、いや、ずっと、のこってゆく。

☆

あたまのなかである曲がなっている。

誰の、何という曲なのか、すでに、すぐに、わかっていることもあるし、なかなかおもいだせないこともある。あれは、なんだっけ。何日も悩んでしまったりもする。

誰がつくった何なのか、そんなに気にする必要はない。ある程度、職業的な意識から、わからないと気持がわるいというのはあるにしても。ただ、なっていればいい、その日の脳内再生曲はこれなんだとそのままにしておけばいい。そうおもいつつ、なかなかそうならない。

いつのころからか、コンサートで現代の作品が演奏されたとき、とくに初演だったとき、ステージに作曲者が招かれる姿に、どこか、居心地のわるいおもいをするようになってきた。いまさっきまでなりひびいていた音楽を「コンポーズ」したのはこのひとだ。音の配置を志向したのはこのひとだ。作曲家は、さっきまで発音しつづけてきた演奏家とおなじく、いや、それいじょうに、音楽に参与している。よくわかっている。このひとが記した何かが、音楽をこの場にたちあげたのだし、敬意を抱いている。ただ、この儀式性が、個人的に、居心地がわるい。いつしか形骸化しているようなのも気になる。

「匿名」

シンフォニーなどを書いた場合、どうしてもベートーヴェン作曲とか、シューベルト作曲とかいうように、私の場合も武満徹作曲ということになるわけです。私は、これまでの西洋文化を支えてきた個性尊重ということに対して、いくらか懐疑的で、そういうものを超えたところに音楽はあるはずだと思っています。

つまり、たくさんの個別のものが、それぞれ触れ合って、それが質的に変化を続けていって、それであるひとつの匿名の世界に行きついた時に、音楽は、社会性をもつのだろうと思うのです。（「私の受けた音楽教育」）

ステージに招かれて、演奏家と握手をし、聴衆にむけて挨拶をする武満徹を何度もみてきた。その一方で、匿名の世界、というようなことを作曲家は書いていた。

私は、音楽を通して、「世界」の匿名の部分《パーツ》たりたい。（「作曲家の個展'84 武満徹」）

いまは過渡的な時期で、将来的に音楽をつくった個人は匿名になって、というような言い方をどこかでしていたようにも記憶する。いま、みあたらないのだが。

個人のなかで作曲家や作品が消え、ほかのその他多くの音楽とおなじになって、という状態になることはある。多くのひとにとって、誰の何とはさして大きな意味をもたないかもしれない。インデックスとしての作曲家と作品名——それはそれでとても大事だけれども。
武満徹が言ったときと、いまの、作曲家が亡くなって四半世紀経ったときとでは、匿名性のありようも異なっているのだとはおもう。そのうえで、匿名を、あらためて。

☆

「いのり」

ひとつの引用——

社会的事件がきっかけになって曲を書きたいと思うこともあります。また、親しい人が亡くなった時、その死を悼んでレクイエムを書きます。自分なりの弔いの気持ちを音楽で表現したい。僕は音楽とは「祈り」だと思うんです。希望と言ってもいい。(「ひとはいかにして作曲家となるか」)

☆

「料理」

没後に刊行された『キャロティンの祭典』は、作曲家が入院中に書き・描いたレシピ集で、『滞院報告』と対になっている。活字で組まれているのではなく、スケッチブックがそのままなので、手書きの文字が、色エンピツのあわい色あいがうつくしい。すべてにというわけではないが、ししとう、とか、しめじ、とか、プラム、とか、チーズおろし、とか、スケッチのそばに文字があったり、「みつばしか描けない。穴子も鯛もむずかしい」とあったり、ところどころ下線が引いてあったり、ひらいただけで、なんとなくたのしくなる。

長女の武満眞樹はこのレシピ集に「徹さんへ」という文章を寄せている。

〝お父さんと一緒に食事をすることなんてあったんですか？〟と聞かれたことがあります。笑っちゃいますよね。私たち親子は食べるという行為で結ばれていたのに……。

レシピ集にはちょっとふしぎなところがあって、それも指摘する。

その料理をいつ食するかまで指示してある点です。夜とか昼とか、ものによっては夜（昼）って書いてあったり……。〝なぜそんなこと書くの？〟って聞いたら、徹さんは不思議そうに、〝普通は書いてないの？〟って云ってましたっけ。

ああ、音楽だな、と、音楽のありかただな。浮かんだのはインドの古典音楽。即興するためのラーガと呼ばれる規則——と呼んでいいのかどうかわからないけど——は、一日の時間帯で変わってくる。朝のラーガ、夕方のラーガというふうに。生きている時のながれのなか、陽が昇って、沈んでといったときどきで、ひとの心身も変化し、音楽も変化する。食べることも、おなじ。音楽は、べつのかたちの栄養でもあるのだし。

地球のもろもろの地域で、食習慣は違っている。朝どんなふうで、昼は、夜は、とぼんやりと型ができている。都市で生活するなか、朝から夜まで、均一な時間がながれているという錯覚が、どこかにある。オフィスビルで、一日中蛍光灯のもとでしごとをしていたりすればなおのこと。再生がいくらでも可能になり、どんなときでも、気にいった音楽を耳にできる。そうではあるが、やはり、朝には朝の、があるようにもおもう。すでにもう古い感覚なのかもしれないけれど。

ＮＨＫの「きょうの料理」に武満徹が出演したのをみたことがある。つくったのは、ほかでもない、カレーだった。ただカレーだったことしか記憶にないのだけれど、ただひとつ、アシスタントにむけて、言ったことはおぼえている。いろいろと用意した香辛料を紙にのせてアシスタントの女性が運ぼうとする。と、言うのである。「気をつけてくださいよ、昔はこれで戦争がおきたんですから」。ぽそり、というかんじだったし、ほかにひとがいるわけではなかったので、冗談なんだか本気なんだかよくわからなかったのだが、その、冗談とも本気とも両方とで、このひとはおもしろいひとなんだな、とおもったものだった。実際に会ってはなしをしたのはその前だったか後だったか。

親しい知人・友人との対話が「作品」になっている『谷川俊太郎の33の質問』（出帆社／ちくま文庫）。単行本のはじめに収められたのは武満徹。

その7には「前世」についての問いがある。即座に「犬だと思う」と返答する作曲家。ここがおもしろい。つづいて、説明として、こんなことばがでてくるのだ。

谷川　自信をもって言うわけ？　ユーリ・ゲラーみたいに？

武満　ぼくは、いつでもそう思う。なぜか。あのね、ぼくは、なんでもご飯にかけて喰うのが好きなの。（笑）だからねえ、時々ねえ、納豆かけたうえにおみおつけかけたり、そうなっちゃうわけ。で、御飯のうえにうどんをかけたり、なんでもいいんだよ、二重三重にかけていいんだけどね。だけど女房がいやがるでしょう。せっかく作ったものを、別々に。だけどいつもそういう欲求があるわけよ。それでねえ、箸は上手に使うって言ったけど、昔ぼくが身体が悪かったとき、時々人に食べさせてもらったりしたことがあるでしょう。で、今でも時々、箸でこう、いろいろやりたくないわけ。洗面器から……。（場内爆笑）おれはたぶん犬だと思う。

『33の質問』の、25には、「理想の献立の一例」を、とあるのだが、こちらについては、「ぼくは、なんでもひとつのものを……。（場内爆笑）」とあって、活字で読んでいてもつい吹きだしてしまうのだが、この「二重三重」とか「かけていく」というのは、カレーもそうだなとおもうし、また、音楽について、複数のことを同時に語るとしばしば発言していた作曲家の、べつのかたちでのあらわれにみえなくもない。いや、これはほんとうかどうかは大したことではない。そういえばつながってきておもしろいな、というくらいのもの。牽強《けんきょう》付会《ふかい》とは、こんなとこ?。

2 うた

武満徹ソングブック

武満徹は生涯にわたって「ソング」を書きつづけた。いわゆるクラシックの延長線上にある「現代音楽」、コンサートで演奏されて聴かれることがめざされる音楽とは少し異なった場のためのもの、ラジオやテレビの番組、映画の挿入歌、さらには何らかの目的のための「集会」などでうたわれるためのうた。かならずしも（聴き手が）聴くことに専念する、というかたちではなく、たまたまつけていたラジオや観ていたTV番組のなかで偶然ひびき耳にはいってくる——そんなふれ方が望ましいうた。でも逆に、こうした偶然の出会いのなかでこそ、耳にした人を不意打ちし、心身のなかに記憶されてゆく。

ソングは作曲家の生涯にわたってと記したけれど、八割が一九六〇年代に書かれている。つまり、第二次世界大戦が終結し、一九七〇年の大阪万国博覧会を開催せんとする時期、ラジオとテレビがまだ新鮮さを保っていた時期。人と人との、人と音楽、人とうたとの出会いも、インターネットがヴァーチャルに媒介する二一世紀の現在とは様相が異なっていた。作曲されたもともとの機会から時も場所も切り離したかたちで、あらためてこれらのソングに光があたるようになったのは、武満徹晩年、まだインターネットはなかったけれど、時代はレコードからＣＤへと、アナログからディジタルへと変わってゆく一九九〇年代、歌謡曲からＪ－ＰＯＰへと世のなかのうたの呼称が変わり、人びとにその呼称が浸透した頃のこと。武満徹の気張ることのない、何か、ひとりで口ずさむようなメロディは、一九六〇―七〇年代のうたのありようを喚起してくれるものだった。名文家、美文家として知られた作曲家が、多くの人にむけてひらいたかたちで、シンプルにことばを洩らす、そんな自作の詞がところどころにあることも忘れないでおきたい。

☆

何人もの歌い手が、クラシック系の人もポピュラー系の人も、武満徹の「ソング」を録音してきた。わたしじしん耳をかたむけてきた。それぞれにいいものだし、歌い手の個々の曲へのちかさ、とおさを感じてきた。ショーロクラブのメンバーを中心とする「ソングブック」は、そうしたなか、稀有な体験だった。武満徹の「ソング」が集められていながら、まず、「武満徹」の名を、存在を、ほとんど意識しないで聴いた、聴けた、から。various artistsのコンピレーションでも、ひとりのアーティストによる「武満徹ソングブック」としてでもなく、さまざまな声がいれかわって複数による星座をつくっていた、から。

録音に参加したミュージシャンによるコンサートが東京文化会館小ホールでおこなわれたとき、わたしはひとつの文章を書く機会を得た。すこし手を加えて、引く。


ひとりの作曲家が書いてはいても、詞も曲調も背景もそれぞれ異なっている。だから、声の質も歌い方もそれぞれ違う人たちがかわるがわる歌うのは、理にかなっている。こういうかたちで声たちが、歌い手たちがならび、それぞれにひとつのステージで接する機会はなかなかない。この曲でこの歌い手、という組み合わせの妙もまた。

天井から小さなあかりが吊りさがっている。六〇〇をこえる聴き手がいても、とても静かな。声たちは、人びとを巻きこむようにでなく、身近な、ほんの数人にむけてのように、歌う。

ことばが明瞭に発音され、掛けあいがユーモラスな松平敬と沢知恵。ボトルネック・ギターのポルタメントとシンクロするおおはた雄一。

すこし変わった感触だったのは、たとえば、どこか南欧の暗い情熱が身振りとともに醸しだされた松田美緒の《ワルツ～他人の顔》。うたよりもなお息を吸う音に詞＝曲の淡々とした切実さを感じさせたアン・サリー《死んだ男の残したものは》。

このメンバーでは何度かコンサートがおこなわれ、おおたか静流《三月のうた》、tamamix《恋のかくれんぼ》、といったように、すこしずつふえてきた。ことばから音楽へとつづく、ながれるその自然さは、音楽でありながら、音楽ゆえにつくりだせる静けさを、聴き手のなかにおいていく。

一曲一曲を単体としてではなく、アルバムゆえのながれ、この曲がきてあの曲がくるながれ、質の異なった女性の声がつづくとおもえばぽつりと男声があり、複数の声が重なるものがあり、といった思い掛けなさもさりげなく仕組まれたストーリー。ドイツ語や日本語でうたわれるのがほとんどである曲が、日本語や英語になってあらわれてくる驚き、インストゥルメンタルのみの「チル・アウト」も。

ながれとなっているのは、「武満徹」だからではない。「武満徹」でありつつ、ショーロクラブ、であるからだ。三つの絃の音色とかさなり、からみ。トレモロ、ビート、ラテン的な空気感。そして時のなかを減衰するひびき――。

アルバムに収められているのは、種々の「つながり」のなかで生みだされ、独自に生き（息？）しはじめた曲たち。

武満徹は、音楽につくり手の名がついているのは過渡的なもので、将来的に音楽は匿名／

アノニマスにむかうと記した。このアルバムは、これまでの「武満徹ソングブック」から次の段階への、つまりはただ曲のみが親しまれ愛されうたわれるなか、作曲家の名がいつのまにか消えてしまう段階への、はじまりを告げる。アルバムのリリースは二〇二〇年。作曲家が生きていたら九〇歳を迎える年である。

☆

ソングブックの各曲、(ほぼ)作曲年代順に、かんたんな背景を記す。なお、本文は、武満徹:SONGS(日本ショット刊)を参考にさせていただいた。

〈さようなら〉〈小さな部屋で〉:ともに、毎日放送(旧新日本放送)の連続ラジオ番組『私の歌』のために書かれた。前者は一九五四年三月の歌(詞:秋山邦晴)として、後者は一九五五年八月の歌(詞:川路明)として。後者は〈何もないけど〉というタイトルだったが、後に合唱曲集《うた》(一九七二―九二年)に収められる際に、〈小さな部屋で〉に改題されている。ともに、のち、混声合唱のための《うた》に収載。

〈うたうだけ〉:一九五八年に作曲、「ブルースの継承」と題された草月ホールでのコンサート(草月ミュージック・イン2)で、水島早苗によって歌われた、と記録があるという。

詞は谷川俊太郎による。のち、混声合唱のための《うた》に収載。

〈恋のかくれんぼ〉：作家・村松梢風の三つの短篇――「塔」「斑女」「残光」――を権藤利英が脚色し、中村登が監督した一九六一年の映画『斑女』（一九六一年／村松梢風の三つの短篇にもとづく）のために作曲。ペギー葉山によって歌われた。詞は谷川俊太郎による。のち、混声合唱のための《うた》に収載。

〈3たす3と3ひく3〉：一九六一年、「草月ミュージック・イン 第一五回」の「三人のジャズ・ヴォーカル」のなかの一曲。詞は谷川俊太郎。

〈○と△の歌〉：○と△は、それぞれ「マル」と「三角」とルビがふられている。プロではなく、演技経験のない子たちを起用した羽仁進『不良少年』（一九六一年）の主題歌として、詞も作曲者自身による。映画では主人公を演じる少年が歌っている。のち、混声合唱のための《うた》に収載。

〈小さな空〉：『ガン・キング』（一九六三年／TBSラジオ）は、TBSラジオで毎夕放送された子どものための連続ラジオ・ドラマで、その主題歌。脚本は石堂淑朗と田村孟。詞は武満徹自身の手による。のち、混声合唱のための《うた》に収載。

〈素晴らしい悪女〉：石原慎太郎の短篇『明日に船出を』を恩地日出男が映画化したのが『素晴らしい悪女』（一九六三年）。主役を演じたのは鹿内タカシだったが、プエルトリコ人という設定のため、スペイン語の詞がうたわれる。詞はシャンソンやタンゴ、ラテン音楽に詳しい永田文夫による。

〈見えないこども〉：羽仁進監督による三作目の映画『彼女と彼』（一九六三年）は、ドキュメンタリー風の手法で撮られた社会派ドラマ。シナリオは監督自身と清水邦夫であった。画家山下菊二の参加も記憶されるべきかもしれない。これも詞は谷川俊太郎で、岸洋子によって歌われた。のち、混声合唱のための《うた》に収載。

〈雪〉：『裸の大将』『黒い画集』といった作品を撮った堀川弘通監督による一種のサスペンス／ミステリー調の映画『白と黒』（一九六三年）のために作曲。詞はフランス語なのだが、これは美術評論家として知られた瀬木慎一による。岸洋子によって歌われた。

〈雲に向かって起つ〉：現・テレビ朝日はかつてNET、日本教育テレビという社名だったが、その時代、一九六三年五月から連続放送された同名のテレビ・ドラマの主題歌として、藤木孝が歌った。石原慎太郎が「週刊明星」に連載したアクション小説を原作とし、一九六二年には映画化も。詞は谷川俊太郎。

〈めぐり逢い〉：恩地日出夫監督による青春映画『めぐりあい』（一九六八年）――映画のポスターはすべてひらがな――の主題歌で、主演は黒沢年男、酒井和歌子。詞を書くとともに映画のなかで歌っているのは、シンガー＆ソング・ライターの荒木一郎。

〈ワルツ〜他人の顔〉：安部公房の小説『他人の顔』を、作家自身が脚色、勅使河原宏が一九六六年に監督した同名の映画作品で、前田美波里によって歌われる。もともとの詞は岩淵達治によるドイツ語だが、武満徹の死後、日本語版もつくられている。

〈死んだ男の残したものは〉：「ベトナムの平和を願う市民の集会」（一九六五年四月二二日／東京・全電通会館ホール）で歌われた、作詞・谷川俊太郎による反戦歌。そのとき歌ったのは硬軟両面併せ持つ声楽家にして詩人の友竹正則だった。森谷司郎監督、加山雄三主演の映画『弾痕』（一九六九年）でも使用されている。のち、混声合唱のための《うた》に収載。

〈三月のうた〉：ウィリアム・P・マッギヴァーンのサスペンス小説を、松山善三と池田一朗が脚色、堀川弘通が仲代達矢主演で監督したのが『最後の審判』（一九六五年）。詞は谷川俊太郎で、この主題歌は後藤芳子によって歌われている。

〈燃える秋〉：小林正樹監督作品『燃える秋』（一九七八年／五木寛之原作）に使用。曲が先につくられ、五木寛之があとからに詞をつけ、ハイ・ファイ・セットによって歌われた。

〈翼〉：東京・西武劇場でおこなわれた、恩地日出夫演出によるアーサー・コピットの芝居『ウイングス』（一九八二年二月）の劇中歌として、武満徹が詞も曲も手掛けている。歌ったのは市原悦子。一九九六年一月から三月、石川セリによって歌われた音源が、筑紫哲也NEWS23でエンディング・テーマとしてつかわれた。混声合唱のための《うた》に収載。

〈島へ〉：NHK大阪のTVドラマ『話すことはない』（一九八三年／伊沢満脚本）の挿入歌。ドラマのなかではつかわれることなく、翌一九八四年、合唱曲として舞台初演。詞は伊沢満。混声合唱のための《うた》に収載。

〈明日ハ晴《アシタ》レカナ、曇リカナ〉：プライヴェートな〝応援歌〟として即興的に作曲。というのも、黒澤明が映画『乱』（一九八五年）を撮影中、天気によって、監督の機嫌が変わり、右往左往してしまうスタッフに贈ったゆえ、と伝えられている。『乱』本篇の音楽と対比してみるとおもしろい。ソングとして初演されてはおらず、作曲者自身が合唱曲に編曲して、CDとなって人びとに届くようになった。のち、混声合唱のための《うた》に収載。

〈ヒロシマという名の少年〉：一九八七年、菅田良哉監督による同名の映画から。

〈ぽつねん〉〈昨日のしみ〉：ともに、JCB会員用の月刊誌『THE GOLD』の企画から生まれたソングである。この企画は谷川俊太郎が一二の詩を書き、六人の作曲家が二曲ずつうたにするという企画で、一九九五年四月に前者、後者は同年一〇月に発表されている（ちなみにほかの五人は、三善晃、林光、小室等、矢野顕子、谷川賢作）。翌一九九六年六月六日に小室等がステージ初演しているが、ほぼ四か月前に作曲家は世を去っている。

〈MI YO TA〉：もともとのメロディは一九六〇年代だろうか、あるメロドラマのための音楽として書かれたという。生前に使われたことはない。互いに評価しあっていた作曲家・黛敏郎がメロディを手元に残しておき、武満徹の死後に披露。谷川俊太郎があらたに詞をつけて、現在のかたちとなった。御代田は長野県、作曲家の山荘があったところ。そこで多くの作品が生まれた。のちに沼尻竜典編曲による混声合唱曲版がつくられた。

はな、うた、の

サントリーリザーブのラジオＣＭとある音楽をYouTubeでみつけたのは偶然だった。二分ちょっとくらいだが、オーケストラの奏でる音楽は、あ、武満徹だ、とおもわせるひびき。耳にしたことはある。ある、とおもう。おそらく武満徹の、と認識もした。でも、忘れていた。何十年ぶりかで聴いてみると、ＣＭがながれていたときにおもったこと、メロディはほかで耳にしたことがあるような、何かの転用もしくは借用かもしれない、とおもったことも想いだす。放送は、一九八〇年代、という。わたしがかろうじて、ラジオやテレビにふれていたころ。

テレビでいえば、ドラマの音楽があった。

テレビ・ドラマ『夢千代日記』　一九八一年／一九八二年／一九八四年

テレビ・ドラマ『波の盆』　一九八三年

寒そうな温泉町。川と湯煙。被爆二世で、白血病の「夢千代」。そのことばを記した日記。演じるのは吉永小百合。「金魚」と呼ばれる秋吉久美子や、ストリッパーを演じる緑魔子、照明係のあがた森魚の存在感。脚本は早坂暁。映画になったときは、松村禎三が音楽を担当していた。

『波の盆』はハワイの日系移民の一家をめぐって。笠智衆が海辺にいる姿は、この俳優のひとつの記憶として、わたしのなかにある。あるかたくなさのある老人と、加藤治子と石田えり、中井貴一との微妙な「あいだ」。脚本は倉本聰、監督は実相寺昭雄。

映画ではなく、テレビという媒体をとおしてのドラマのつよい印象は、そもそもテレビをみなくなって久しいので、あまりない。いつだって、それなりのクオリティの作品はつくられているはずだから、やはり二〇代の前半に視聴したせいもあるだろうか、二本については、音楽とあいまって記憶している。

映画では、かならずしも、冒頭に中心となる音楽がながれるとはかぎらない。最後にやっとでてくることも多い。ストーリーの重心をなすところでも、だ。TVでは、最近がどうなのかは知らないが、はじめにひびくことが多いのではなかったろうか。かつては、すくなくとも、そうだった。NHKの大河ドラマなど典型だが、音楽だけを聴き、あとはみずに、ということもあったけれど。だから逆に音楽はよくおぼえている。

ある作曲家とはなしをしていて、そのひとの書いたドラマの音楽が印象的だった、と伝えたことがある。弦楽のとても情緒的な音楽が中心で、金属打楽器がときどき、小さく、うちこまれる。すてきなメロディですね。メロディがないような作品をそのひとはコンサートで発表していたから、そんなことを言ったのかとおもう。作曲家は言ったものだ。きれいなメロディなんていくらだってつくれますよ。

そうか、そうなんだ……。キレイなメロディが書けたらどんなにいいだろう……。

☆

武満徹の没後、小学館で全集がつくられた。第五巻には未発表の作品が多くふくまれていて、え、こんなのが、というのもいくつかあった。ジム・ジャームッシュの映画のために作曲され、録音までされていたのに映画にはつかわれなかったという《L.A., New York, Paris, Roma, Helsinki》も。

サクソフォンのジャジーな、エレクトリック・ギターのブルージーな、アコーディオンのシャンソン風のふしまわし。バスーンとピッコロのユーモラスな音型とかけあい。バンジョーのぽつりぽつりとした音色。一九九一年の、という。年代からいっても、タイトルからしても、『ナイト・オン・ザ・プラネット（Night on Earth）』と見当がつく。映画はおなじ時間に異なった五カ所で、タクシー運転手をめぐるストーリーが紡がれるオムニバス。べつの場所に移るときには、五つのアナログ時計がすーっと針を戻す。映画のために書かれた音楽があっても、事情があってボツになるものはある。それを耳にする機会は滅多にない。ほかで知っているのは……『2001年宇宙の旅』の《ツァラトゥストラはこう語った》とアレックス・ノースの未使用曲くらいだろうか。その意味で、《L.A., New York, Paris, Roma, Helsinki》は武満徹とジャームッシュというだけでなく、映画と音楽のオルタナティヴなありようをかいまみせてくれる。三〇分ちかくかかる、ひとつづきの楽曲としても。

ジャームッシュの映画のなか、ひびいたのはトム・ウェイツの音楽だった。あのしゃがれた声は、この映画作家の作品になじんでいる耳にはあまりにあたりまえ、慣れたものとして、みていた。《L.A., New York, Paris, Roma, Helsinki》の一部は、《系図——若い人たちのための音楽詩》（一九九二年）にふたたび顔をあらわす。そうか、映画のために書いた、翌年だったのか……。

☆

武満徹がメロディを口ずさんでいる、はなうたをうたっている。

ほんとうにそういうことがあったのかどうか、記憶はあいまいだ。もしかしたら、いつのまにか捏造しているかもしれない。そんなふうにおもう。トオルさんってはなうたをよくうたっていた？　と眞樹さんに訊いてもよかった。なんとなくそのままになっていた。あるいは、《カトレーン》が新日フィルの定期で演奏されたとき、東京文化会館の楽屋から二階の精養軒へとむかっているあいだのことだったか。こちらは学生服だった。

☆

ことばがついていない音楽はどうきいたらいいかわからない。そう言うひとがいる。ついていないものばかりになれていて、ことばがあるとちょっとうっとうしいとおもったりする身には驚きというか新鮮にきこえる。そんなひとは、誰のものでもない、口ずさみ、はなうた、というのが、いつのまにか口もとにのぼってくるうたというのがないのだろうか。

佐藤允彦が弾く富樫雅彦のアルバムを一時期よく聴いていた。ドラマー、パーカッショニストとしての富樫雅彦はそれなりに知っているつもりだったけれど、こうした曲を書くのかと、目のさめるおもいがあった。メロディは親しみやすく、はなうたのような、心身からそのままでてきたよう、なのだった。武満徹のソングとも共通する、と言ってもいい。ことばをともなっていない、それでいて、口もとからでてくるような、この列島のことばのイントネーションが血肉化されたふし。そしてそれは、武満徹でも、富樫雅彦でも、渡辺貞夫でも、いや、もっと若いひとたちでも、親しんだうたが、ふしがあり、ことばがあり、環境があり、というなか、心身という回路をとおして、でてきているような。

『夢千代日記』でも『波の盆』でも、いまはYouTubeで聴けるし、コンサートで演奏もできる。でも、それだけではもったいなくないか。もっと口ずさまれてもいいようなメロディではないか。いや、いま、口ずさむということもあまりないのかもしれないし、メロディといったものにひとの関心があまりないのかもしれないとはおもいつつ。

フランスの作家、ロジェ・ラポルトに、なにげなく口もとに浮かんですぐ忘れてしまったしくりかえすこともけっしてできないふしがあった、あれはひとつのできごととしてあったんだ、というような文章がある。たいていはふしをわすれてしまうし、そんなものが口もとにあったことさえおぼえていない。でも、作曲家はそのふしを書きつけることができるし、それを何らかのかたちにすることができる、できるかもしれない。音楽は、ただ浮かんだものからできるのでなく、というのはじゅうぶん承知のうえで、でも、そういうことはなくなっていないだろう、とはおもう。

作曲家が亡くなって追悼のとき、黛敏郎があるメロディをうたった。かつて先輩作曲家の手伝いをしていたときに武満徹が書いたメロディをとっておいたもの、という。のちに谷川俊太郎が、作曲家の軽井沢の別荘がある御代田の地名をタイトルに、ことばをつけ、いまは

《MI YO TA》として知られる。

たとえば、『夢千代日記』や『波の盆』の、あるいはサントリーリザーブの、ジャームッシュ映画のつかわれなかったメロディを、独立したソングにできないか。そんなことを夢想する。映画やTVのだけでなく、もっともっとある。そうしたものをみつけだし、口ずさんでみる。そんなのも武満徹の聴き方のひとつにならないか。

何よりも亡き本人にいやがられるだろうし怒られるかもしれないが、武満徹の音楽にはいつもどこかにはなうたのかんじがあり、晩年になってゆくにしたがって、はなうたの断片が散らばされ、はなうたの匿名的なありかたになっていったような——。

3

ことば

空白――音楽の房でいっぱいの 大岡信と音楽と

私は静かな波だから
鼓動するざわめきのきみを乗せて
非現実の遠い岸まで
揺りかごのやうに運んでゆく

☆

開演ぎりぎりだったろうか、扉からはいってきた人物は、ふつうに決められた席ではなく、通路にちょこんと腰をおろした。スーツやジャケットではなく、デニムの上下だったと記憶する。渋谷の、いまは改修中のパルコ劇場、当時は西武劇場といっていた会場、武満徹プロデュースによる「MUSIC TODAY」、ジョン・ケージ作品が二つプログラムされたコンサートである。一曲目は《エトセトラ》、おもいおもいの服装の演奏家たちがテープの音とともにダンボールなどを静かに叩いたりこすったりするところから始まって、三人の指揮者——岩城宏之、ジョン・ケージ、武満徹——ひとりひとりの前に何人かの演奏家が集まるとしばらく演奏をし、また元のところに戻ってゆく。通路にある背を、わたしは演奏のあいだも、何度か、ちらり、ちらり、とみていた。

休憩時間になるとさっきの人物はいなくなっていた。きっと決まった席に行ったのだろう。そうか、こういうコンサートにはこの人物は足をはこぶんだな。写真をべつにすれば、大岡信の姿を間近でみたことはなかった。そうか、とは、この詩人＝批評家の詩や美術の文章と較べるとはるかにすくない音楽についての文章は、ほかならぬジョン・ケージと武満徹にふれていたから。しかもこの二人はおなじステージにいた。

東野芳明がサム・フランシス、ジャスパー・ジョーンズやロバート・ラウシェンバーグといったアーティストの名を引くニューヨーク・レポートを紹介しながら、友人であるこの美術評論家が「ジョン・ケージ」の「沈黙ばかりの変なもの」という曲を聞いたと書いている箇所にふれ、大岡信は「ぼくにもそれはおもしろい。アメリカの現代芸術は、単純で力強い生命力の表現という一面以上に、『沈黙』の表現にものすごく憧れているところがあるのじゃないだろうか」と、また、すこしあと、こんなふうに記す。

絵にしても、最近の抽象表現主義の画家たちの幾人か、たとえばサム・フランシスとかマーク・ロスコの巨大な画面に茫漠とひろがっている薄明の空間には、宇宙に充満している沈黙の遙かな反響があるようだ。ちょっと逆説的ないい方だが、沈黙にみちているから、そこには非常に音楽がある。沈黙のひろがりの中から音楽が生まれてくる瞬間を視覚化したような、無数の見えない流れがある。

ジョン・ケイジ《ママ》のピアノ曲がどんなものか知らないが、沈黙のなかに音楽を、というより、音そのものの発生を見つめているような曲ではないだろうか。そんな気がする。(「アメリカの沈黙」)

執筆は、「(一九五九・八)」、一九六〇年に刊行された『芸術マイナス1』で音・音楽に言及した珍しい文章。ケージは「(一九五九・八)」の時点からすればすでに七年前、演奏家が楽器を前にして何も音を発さないことで有名になった《四分三十三秒》を発表している。ケージがデヴィッド・テュードアとともに来日し、コンサートをおこなったのは一九六二年。いわゆる「ジョン・ケージ・ショック」はそのときだ。だから、「アメリカの沈黙」でのケージへの言及はじかにその姿や演奏に接してのものではなく、当時新聞社に勤務していた詩人の情報的な勘や、詩を書くものとして抱いている感覚による反応と言っていい。沈黙は、音楽を考えるとき、大岡信にとって、つねに踵を接する場、媒体だととらえてみたら、どうか。著書『文明のなかの詩と芸術』（一九六六年）でも、美術についての文章が中心となっていて、例外的にジョン・ケージ、ジャズ、武満徹についてと音楽にかかわる文章がある。ケージや武満徹をめぐっての「音」や「聴く」の考察に対し、「ＪＡＺＺ」ではラングストン・ヒューズやノーマン・メイラーを引きつつ、ジャズの「秘教的な魔力」「生命のあえぎの絶頂、オーガズム」を語り、締めくくりの部分には「自由」の語があらわれる。

瑣末ではあるが、わたし自身がおもしろいと感じるのは、このなかで記されている文章、「マヘリア・ジャクソンのゴスペル・ソングにも、レイ・チャールズのロックンロールふうな叫びにも、ある共通したものが感じられる。それは洞窟的な深さであり、表皮を剥ぎとられた赤裸の心 mon cœur mis à nus だ。デカダンスとシャム双生児のように同じ根から生え出た生命の暗い樹液のほとばしりだ」（「ＪＡＺＺ」）の「シャム双生児」が、二年後の一九六二年、武満徹の依頼で書き下ろした『環礁』のなかにもあらわれてくること（「唇と唇がつくる地平線に／てのひらの熱いことばに／からだとからだの噴火口に／ひとは埋める／いのちと死がだきあっている／魂のシャム双生児《ふたご》を」）。「ＪＡＺＺ」という文章につづいておかれるのは「武満徹の本」である。おそらくは偶然であろうけれども、何か予言的なもの、《環礁》への作業の予兆をおもわずにはいられない。併せていえば、「双生児」はもっとあと、武満徹と瀧口修造を結びつける語にもなるのだが、それはまたべつのはなしだ。
ケージや武満徹へと、ジャズへとでは、おなじ音楽でも大岡信は異なった関心を持っている。ケージや武満徹に対しては自らが詩を書くこと、創作することと地つづきのものを感じる。武満徹の何冊もある対談集の第一冊目にあたる『ひとつの音に世界を聴く　武満徹対談集』（晶文社）には、大岡信との対談が、「ことばと音の世界」（一九六七年）と「音とことばの現在」（一九七三年）の二つが収められている。
早い時期の対談から二人のことばを引く。

武満　ぼくが音楽の上で考えていることは、ひしめきあわせるということなんです。最後には白色になることが理想だな、実現するかどうかはわからないけど。
大岡　それはたいへん面白いな。ぼくなんかが詩について考えていることも、やはりそういうことなんだと思う。充満している空白。（「ことばと音の世界」）

もうひとつからは、大岡信の発言を。

日本の間というのは、英語でいえばむしろスピリットみたいなものだと思うんだ。ことばとことばの間をつないでいるスピリットみたいなもので、スピリットというのは、やはり息を吐いて吸うことがもとの意味なんだから、そういう意味で、ハッとこう吐いたり吸ったりしながら生命が凝縮し、高まっていく状態というのが、やはり間だろうと思う。文章を書いていても、たとえば一〇枚なら一〇枚の文章を書く場合に、はじめは、そういう息が合わなくて、何枚も何枚もつぶすでしょう。途中から、そういう一種の息が入ってくると、不思議にふくらんできて、そして全体が弾力のあるものに向って、だんだんこう押し込んでいくような状態に為る。そういうときはスピードとしては、後半にいくに従って、どんどん速くなるけれども、実際にあとで読んでみると、むしろゆったりと拡がっていくんですね。だから、文章を書く、つまりことばで考えるということと、音楽的なそういう体験とは、源泉では非常に似てると思う。結局人間は、肉体から離れられないということだろうと思うんです。(「音とことばの現在」)

前の武満徹の発言から連想されるのはホワイト・ノイズだろうか。大岡信はそれに対して「充満している空白」と言い換える、あるいは、ちょっとずらす。後者では「間」という語をつかっているが、先の「充満している空白」をここに重ねてみることができる。何もない、ただ空いている間、空白ではない。音なり何なりがあることに対立する状態ではない。顕在的なものはないけれど、ちょっとしたきっかけで何かがあらわれでてしまったり、何かがでてくるきっかけになっている状態、か。

以下のようないくつかの詩句を想いおこすこともできる。「しじま」や「沈黙」という語によって、詩人はある状態を浮かびあがらせる。

凍みついた窓を開けば音楽が歩いている／雪じろの断崖の涯にあの足跡を拾いにいこう／硬質の音符をじっと抱きしめよう（「鳴りひびくしじまの底」）

鉛のゆるやかな渦の底に／きみの重たい指がさまよい／ぼくのなかで沈黙がざわめく／／蜜蜂のむれは金色の夜のなかでゆっくりうごめく（「捧げる詩篇」）

また、「水の生理」の第一ストローフはこんなふうだ。

樹木がわざめくとき／水は沈黙の輪をひろげるだけ（「水の生理」）

「水の生理」の「1」を構成する五つのストローフ、四つまではどれも二行目がおなじ

「水は沈黙の輪をひろげるだけ」のルフラン。これが五つ目には「人が水をみつめて途方にくれるとき／水は沈黙して人を見返している」に変わる。

「2」「3」「4」とをあいだにおいて、「5」でふたたび「1」にあった、すでに読んだ記憶のある行があらわれる。ただし今度は、先の二行目「水は沈黙の輪をひろげるだけ」が「水が沈黙の輪をひろげるとき」というように一行目にくる条件節となって、四回くりかえされる。そしてここでもまた五つ目のストローフになると、「水が沈黙して人を見返すとき／人は水をみつめて途方にくれるだけ」と「1」の第五ストローフを反転させる。

武満徹との対談のさらにあと、一九八八年におこなわれた三善晃との対談「『うたげ』と『孤心』の循環」での発言を引いてみよう。

音楽とか言葉というのは突き詰めていけば、「息」だと思うんですよね、基本的に。様式化されたものとはまた全然別の要素で処理しないと、無理なところが出てくるような気がしますけどね。（『現代の芸術視座を求めて』音楽之友社）

あるいは、

断絶、飛躍、何らかの意味で私としてはそれらを貫いているものをつかんで提出しようと思ってやっているわけですけど、そこに本当の意味での「息」が通っているか通っていないかということが最後の問題で、読んでくれる人が、そこに「息」を感じることができるならば、そのとき初めて完成するのだろうという気がするんです。

言葉というのは、目に見えないものであるにもかかわらず、文字としては見え、音としては聞こえてしまうものだから、非常に難しい問題があって、本当は目に見えない、ある種の竜巻がそこで起きているとか、そういうものでなきゃいけないんですけど、このところだけは、詩を書いている人間は、自分で確認できないわけですね。(『現代の芸術視座を求めて』)

ここでの「息」は、先の武満徹との対談にでてきた「スピリットみたいなもの」「間」と同義ととらえていいだろう。

大岡信がどんな音楽を好んで聴いているのか、その詩篇がどんな音楽になっているのか、はこうした発言とは関係がない。ここにあるのは詩をつくるときの、ことばがでてくるときの心身のありようだ。言いたいこと、語りたいことがある。そこにはかならずしも先行して意味があるわけではない。意味はいつかどこかで孕《はら》まれてしまったり生みおとされたりするかもしれないが、それより前にからだが疼《うず》く。声にする、文字にする、それがことばのとりあえずとるかたちではあるかもしれないが、もっと以前――いや以前というよりほぼ同時にだろうけれども――において詩をつくる行為／詩が生まれるときにあるもの。音楽と呼んでもいいし呼ばなくてもいいが、その場にあるもの。

楽音によって奏でられる音楽、あるいは、ノイズも含んだかたちの音楽がある。他方、ことばによる音楽、ことばが意味・無意味とくっついたり離れたりしながら奏でることばの音楽がある。それらはときにところどころオーヴァーラップすることはありながら、重なりあうことはない。そのうえで、ことばは、詩は音楽になるし、音楽は詩になる。詩や音楽という語が用いられるよりもっと前、もっと深いところでの原＝音楽とでもいうような。

ぼくは、詩を書いているときには、ことばが一シラブルずつ出てくるわけでなくて、葡萄の房みたいな形で、クラスターをなして、さっと出てくると感じるんです。ひとつの群がわっと出てきて、また次の群がぐっと出てくる。それはたくさんのことばじゃなくて、たったひとつのことばでも、葡萄の房みたいな感じでね、うわっと出てくるように思うな。（「音とことばの現在」）

それは時間のながれでありつつ、時間のながれをもたない、矛盾した間とでも呼ぶべきもの、か。とりあえずことばは一語一語、分節化して生まれてくるが、それでもしかし、いちどきに、クラスターをなしてでてくる、前のや次のや最後の、といった時間的秩序なしに、一挙に。

☆

私は深い闇だから
きみといふ瞬く光を囲ひこみ
きみといふ発光体を守つてやらう
きみのまはりがせめて仄かに明るむやうに

☆

ソプラノとオーケストラのための《環礁》の詩を依頼するとき、武満徹が大岡信にいったことばはよく知られている。「ことばをください」。一九六二年である。

《環礁》でのことばは、メロディ、すなわち音の上下するうごきとしてのメロスに由来するメロディ、というよりは、点描的で、音と意味、音のつらなりとサンタックスが切り離されたように、歌われる。うたと呼びにくいものかもしれないが、逆に、音素のニュアンス、強度がオーケストラの各楽器が発する鋭い音響とともにある、ともにひとつの星座をなす。この列島のことばと格闘し新たなうたを生みだそうと試みた武満徹にとって、《環礁》は、ほかに作曲され完成された作品が合唱であったり英語だったりということをみてみるならば、いわゆるソング以外ほぼ唯一の日本語で書かれた声楽曲となる。

大岡信の詩にもとづく作品は《環礁》と「秋葉学園歌」くらいしかないのだけれども、武満徹がその詩からいくつかタイトルを借りていることは忘れてはならないだろう。《揺れる鏡の夜明け》《十一月の霧と菊の彼方から》は、詩の行や詩集のタイトルからとられている。注目したいのは、これらはすべて大岡信とトマス・フィッツシモンズによる連詩『揺れる鏡の夜明け』(一九八二年)とつながりを持っていること。

二つのヴァイオリンのために作曲された《揺れる鏡の夜明け》は、そのまま連詩集のタイトルに由来する。これはⅠ・秋 Autumn、Ⅱ・過ぎてゆく鳥 Passing Bird、Ⅲ・影の中で In the Shadows、Ⅳ・揺れる鏡 Rocking Mirror、の四つの短い楽曲からなる。Ⅳ・揺れる鏡はフィッツシモンズの詩で、あとは大岡信の詩。詩集全体は二〇篇から構成される。

《十一月の霧と菊の彼方から》はヴァイオリンとピアノのための作品で、連詩集のなかにある「影の中で」の第一ストローフ「『対極にある星と星の緊張が／この一本の木を踊らせるのよ』／十一月の霧と菊の彼方から来た／女が言ふ。」からとられる。

《ア・ストリング・アラウンド・オータム》はもうすこし複雑だ。詩集『悲歌と祝禱』に収められた「水の皮と種子のある詩」の3、「沈め／詠ふな／ただ黙して／秋景色をたたむ紐となれ」という四行の詩に由来するが、これは連詩『揺れる鏡の夜明け』の冒頭に再度――発句というのもおかしいから発詩か――とられている（こちらでは「沈め。／詠ふな。／ただ黙して／秋景色をたたむ紐と／なれ。」と句読点が加えられ、また改行が増やされている）。この連詩集は日本語と英語が並記され、相互翻訳という以上に、相互に日本語・英語として提示されているのだが（英語では―― be simple:/a string/to wind around//autumn.）、いま提示した一篇目ほぼ最後の行の命令形の部分がはぶかれ、「秋景色をたたむ紐 A String Around Autumn」と名詞節に変えられて、武満徹のヴィオラとオーケストラのための楽曲のタイトルとなるだろう。併せていえば、大岡信の英訳詩集のタイトルも『A String Around Autumn: Selected Poems 1952-1980』である。

また《フロム・ミー・フローズ・ホワット・ユー・コール・タイム》は、やはり『揺れる鏡の夜明け』に収められた一篇、「澄んだ青い水」のなか、「雪をかぶつた青いこぶしを／天に振りあげ、／古代のその水の精は／叫んでゐる——／『この俺から／お前らの「時」は流れ出す』と。」の、英訳による括弧内の声（From Me Flows What You Call Time）が、パーカッションとオーケストラのための作品のタイトルになる。

タイトルを借りている、あるいは、何らかのインスピレーションを得ている、というようなことはどのような作曲家でもある。ただ、武満徹の場合は、タイトルが決まれば作曲という作業のかなりの部分はできたようなもの、との発言もあることから、音楽作品におけるタイトルの比重は大きい。タイトルを借りてくるのみならず、日本語をそのままにつかうとはかぎらず、英語にされたものを浮上させてオリジナル・タイトルにしたり、日本語としてのタイトルは一切提示しなかったり（ここに挙げた《ア・ストリング・アラウンド・オータム》《フロム・ミー・フローズ・ホワット・ユー・コール・タイム》の二作についてだけみても、日本語でそのままタイトルにはならない）、先に引いたように命令形から名詞節にしたり、など、これは武満徹の言語観、インスピレーションとことばとのかかわりにおいて、気にとめておくべきところである。

くりかえしになってしまうが——。

これら、四つの作品——《十一月の霧と菊の彼方から》《揺れる鏡の夜明け》《ア・ストリング・アラウンド・オータム》《フロム・ミー・フローズ・ホワット・ユー・コール・タイム》――はどれも詩集『揺れる鏡の夜明け』に由来する。それは各曲の楽器編成、作曲家の楽器へのアプローチとかかわってもいる。

《揺れる鏡の夜明け》が二つのヴァイオリン、《十一月の霧と菊の彼方から》がヴァイオリンとピアノ、《ア・ストリング・アラウンド・オータム》がヴィオラとオーケストラという編成で、どれも弦楽器を中心にした作品であること。《フロム・ミー・フローズ・ホワット・ユー・コール・タイム》において弦楽器はオーケストラのなかにあるだけでパーカッションが中心になり、またパーカッション奏者たちが会場に張られた紐を引っ張って音をならすことが音としても、また視覚的にも重要であること。「紐／String」が詩と楽曲をつないでいるとしたら？

しかも、連詩冒頭におかれた詩――《ア・ストリング・アラウンド・オータム》になる詩――は、先にも記したようにほかの詩集から（あらためて）持ってきたもので、そこから「連詩」が始まっている。こうした複数の詩集どうしのつながり、他者があることばに触発されてつぎのことばを紡いでゆく、しかも日本語と英語とで同時並行的に思考＝試行してゆくことは、武満徹自身にとって何らかのはたらきかけをもたらしたのではなかったか。そもそもヨーロッパ由来の音楽を、外来の楽器や記譜や音についてのアプローチを、アジアの列島のなかで試行しているありようを、ここで自分に引きつけている、ということがなかったかどうか。

だから――武満徹のいくつかの作品が、大岡信の詩集・詩篇からタイトルをとってい
る、とひと言ですませるには気遅れがする。

おなじ連詩集からとっているのに、日本語のタイトルが二つあり、英語のタイトルが
二つある。そこには武満徹の作品における命名の問題、翻訳の問題もかぶってくる。

もうひとつ、《環礁》になる詩を武満徹が大岡信に依頼したとき、詩を書いてくださ
い、ではなく、「ことばをください」と言ったと伝えられる言い方、それはこの『揺れ
る鏡の夜明け』のなかから切りだされることと対応していないか。そこから逆にみてみ
ると、《環礁》のなかで、きれぎれに語が、音が、声になって宙に舞う姿は、まとまり
としての詩作品というよりはたしかに「ことば」といったほうが適切だったような。

連詩について、大岡信が三善晃との対談のなかで語っている箇所、アメリカの詩人と
の呼び方をし、一切、その名を明示してはいない人物と連詩をするエピソードでこんな
一節がある――「僕自身もこういうかけ合いをやっていると、相手に合わせるわけだか
ら、自分が書くものがうそになるんじゃないかということを、やる前は考えていたんで
す。／ところが、実際には、相手が自分にはとても答えられないようなものを出してく
る。しかし、それは非常におもしろい詩句であるという場合は、それに応えるとき自分

の中から何が出てくるかということは、客観的にも非常に興味がありますね。相手が投げてきた球が意外であればあるほど、僕の方ではそれに対して全力を挙げて、何か次の展開を示す言葉を出さなきゃならないから、自分自身の中から出てくるものは、普段書いているものより、もう一つ深いところから出てくるんです。それが本当のものだと僕は思うんです」(『現代の芸術視座を求めて』)。

フィッツシモンズをさすとおもわれる詩人について、シュルレアリスムの影響を受けていないと大岡信は言っているのだが、ここで想起されているのはたとえばブルトンやエリュアールが共同でテクストを書いたことといえるのではないか。そしてそれを連詩へと接続させることで、ふだん意識してはいなかったものが他者とのかかわりのなかであらわれてくる。そんなところからも、シュルレアリスムに親しんでいた武満徹は啓示を受けたのではなかったか。

☆

そして私は　音楽にすぎないから
人間にすぎないきみと共に遊ぶ
だからと言つて　私を所有できると思ふな

私は音楽だから　音楽をさへ超えて拡がる

☆

一九八〇年代の半ば以降、大岡信は一柳慧とのつながりがつよくなってくる。《交響曲「ベルリン連詩」》の作曲・初演は一九八八年。以後、作曲家は詩人のテクストにさまざまなかたちでアプローチしてゆく（ちなみにわたし自身は《「ベルリン連詩」》についてはべつのところ（『大岡信ことば館便り』「ことばのしごと」第一三号&第一四号）ですこし詳しく書いた）。ここでは二人が組んだ作品を参考までに挙げておく（諸般の事情でいくつか保留した作品もある）。

《暗黒への招待》（一九六四年）、合唱、ピアノ、ヴァイオリン、打楽器、笙、尺八、能囃子

《芸術凧のための音楽》（一九八九年）、ソプラノ・ソロとオブリガートのフルートのための

《伶楽交響曲第二番「日月屛風一雙 虚階」》（一九八九年）

《原子力潜水艦「ヲナガザメ」の性的な航海と自殺の唄》（一九八九年）、混声合唱のための

《道Ⅱ》（一九九〇年）、篳篥4、龍笛4、笙5、琵琶、箏2、尺八、打楽器3、声明10のための
《朝の頌歌》（一九九一年）、女声合唱と笙のための
《光のとりで、風の城》（一九九二年）、混声合唱のための
《ミチザネの讃岐》（二〇〇一年）、混声合唱とピアノのための
《生田川物語》（二〇〇四年）、能「求塚」にもとづく音楽詩劇
《水炎伝説》（二〇〇五年／二〇〇七年）、混声合唱とピアノのための

《暗黒への招待》から《交響曲「ベルリン連詩」》までのあいだは二〇年以上の月日がながれている。後者はしかも、大岡信の名を代表としていても、ひとりだけではない「連詩」であることを強調しておこう。交響曲にとられたのは『ヴァンゼー連詩』、参加者は大岡信、川崎洋、カリン・キヴス、グントラム・フェスパー。複数の詩人のことばを扱い、女性と男性、二人の声楽家がことばを分けて歌うところにも、もともとの連詩をもとにした作曲家の姿勢をみてとれる。複数の声、ことば、多声性から一柳慧は大岡信という個人、ひとつの声へと遡行し、あらためてとりくもうとしたようでもある。しかも一九八〇年代以前、一柳慧にはことばを用いた楽曲は多くない。作曲家にとって、大岡信ひとりのみならずとも、こと

ばや声について、何らかの変化が多かれ少なかれあったとみることも可能だ。

《交響曲「ベルリン連詩」》の最終部分についてすこしふれておく。

ソプラノは「筆が私の目の下を／くまどる　別れは　でも／約束に捺す封印」と、つづけてバリトンが「『ああそう』ということばは／二つの国で同じ意味を持っている」と歌う。そこで並行してゆくのは最後の五行「もし三つの翼がある鳥を／望むなら／一つの翼が図書館でまどろんでいる時も／二つの翼は天翔けんことを――／かの地平線の彼方まで」。

ここにある「ああそう」は、日本語でもドイツ語でも「ah so」だ。日本語でならどこか日常的でユーモアさえ帯びた感触を持っている「ああそう」。それまでは日本語とドイツ語でべつべつに進行していた詩のやりとりが、ここでまったく偶然に、あるひとつの共通・一致のものとして提示される。しかもどこか曖昧でありつつ、あくまで他者にたいする肯定の了解のみぶりであり、また、「一」や「二」という数字が、この場において、言語や文化と、いや言語や文化を超えて呼応しあっている。さらに四人の詩人のことばがひとつになっていることも。

一柳慧と大岡信は、一九九二年に刊行された『現代詩読本　大岡信』（思潮社）に「伝統と現代の創造について」と題された往復書簡をそれぞれ二通ずつ掲載している。

ケージが京都賞を受賞したときに再会したエピソードを記しつつ、アメリカ合衆国の超絶主義のながれを引くケージを提起する一柳慧。ケージが晩年に連歌をテーマにしていることを示唆し、伝統の破壊者としばしば言われる音楽家像は多分に「偏った誤解」なのではないか、と記す。「伝統の中から未知なるものを探し出し、そこに光をあてることで新たな源泉をあふれさせながら創造行為を行っていられる点で、私は大岡さんほど、生きた伝統の意味とその芸術的恩恵を世に知らしめた人はいないのではないかと思っております」とも。

こまかく註記するならいろいろ言えようが、最後に置かれた詩人から作曲家への書簡から引く。

私は連句を巻き、またそれの現代的変形である連詩を作り、後者についてはヨーロッパ諸国で外国の詩人たちと一緒に作ることもしています。どこでどうやっても相手の詩人たちが一様に示す反応は、参加者同士の個性の相違が衝突し合うからこそ生じる複雑な強調・調和のすばらしさ、それへの驚きと満足です。前便で書いたことを繰り返せば、噛みつかなければ噛みつかれもしないし、相手をよりよく知ることもできないということで、私たちは今、そういう付き合い方をあらためて真剣に模索しなければ、ますます互いに孤立してしまう時代に生きているのではないでしょうか。

ここでは特に、《交響曲「ベルリン連詩」》を作曲した人物と、そのもとになった連詩を主導した人物がこの音楽作品を踏まえたうえであらためてことばを交わしていることを確認しておく。往復書簡が、作品とは違いながらも、互いのことばを聴き、読み、かえすことで、連詩の反復もしくはエコーを、詩人どうしではなく、詩人と作曲家という立場の違いのなかで実現し、さらに《交響曲「ベルリン連詩」》を、その先の一柳慧による音楽作品を、現在の時点から振りかえる。

ここまで、武満徹と一柳慧、二人の作曲家、大岡信とほぼ同世代の作曲家を中心に、詩人の音や音楽とつながってくるであろうことばを引きながら、そこから連想されることどもを織りこみつつ、記した。だが、これだけでは大岡信と音楽についての大きな部分を欠落させてしまうだろう。その詩作品をすくなからぬ作曲家が歌曲や合唱曲にしているのだから。挙げておきたいのは木下牧子や鈴木輝昭で、それぞれ何作もあり、この二作曲家には詩人自身が「唄はれる詩二篇」を呈してもいる。

私はいつでも　またどこでも
きみの腕の外側に溢れてしまふ
それが私の　音楽である宿命だから――
かの「沈黙」さへ　私があるから存在するのだ。

☆

☆

「音楽がぼくに囁いた」の四つのストローフを、この「空白」という文章のはじめからここまで、分割して引用してきた。『光のとりで』（花神社）に収録された詩篇だ。

ここでの「私」は、タイトルをふまえれば音楽をさす。音楽は「私」といい、「きみ」に、つまり「ぼく」に囁いてくる。そして最後の行にあるように、「かの『沈黙』さへ　私があるから存在するのだ」と、通念に対しての反転を生じさせる。ある新しい認識がここにある。ここに至って、詩人がもとから抱いてきたもの、沈黙について、音楽について抱いてきたものを、たとえばジョン・ケージや武満徹や一柳慧の沈黙／音楽と交差させながら考える――というよりも、感じてみられたなら、どうだろう。

＊この文章のタイトルは、大岡信の詩篇「おお　見知らぬ土地を限りなく／数えあげることは／どうして人をこのように／音楽の房でいっぱいにするのか」（地名論）からと、本文中にも引いた武満徹との対談「ことばと音の世界」のことばからとっている。

期待と憧憬の感情

すこしばかり大きな判型、私家版でないはじめてのエッセイ集として刊行された『音、沈黙と測りあえるほどに』（新潮社）から、三つ引く――

きみの息子は一歳になり、ぼくにも、やがて子供が生れる。
ジョン・ケージの一時間四十分はもうとうにすぎて、あたらしいきみの一時間四十分がやってくる。

ピアノという楽器には悲しい思い出がある。
終戦から二年して、私は駐留軍のキャンプに働くことになった。音楽によって生きたいのだと家人に告げた時から、私は生活のいっさいを自分の手でしなければならなかった。

ぼくは、一九四八年のある日、混雑した地下鉄の狭い車内で、調律された楽音のなかに騒音をもちこむことを着想した。もう少し正確に書くと、作曲するということは、われわれをとりまく世界を貫いている《音の河》に、いかに意味《シニフィエ》づけるか、ということだと気づいた。

『音、沈黙と測りあえるほどに』は、瀧口修造と大江健三郎による短文がおかれ、それから武満徹の文章となってゆく。作曲家じしんの執筆した文章をはじめから三つ、それも冒頭部がここに引いたもので、どれにも一人称のはっきりとした刻印がある。一人称は、武満徹の著作集をめくりかえしてみると、文章の冒頭に、意外なほど多い。作家論や作品論として、批評として、客観的に記されたもの、コンサートやフェスティヴァルなどの前文といった公的性格を持つものは、そのかぎりではない。みずからのものであろうと状況や環境であろうと、音楽にかかわってくることは「ぼく／私」がその手でふれるところ、実感によってはじまる。

文章に気負ったところはない。さりげないながらも選ばれた語が的確に配置される。大きいのは喚起されるイメージだ。「きみの息子は一歳になり」との誕生から成長の一年、「ぼくにも、やがて子供が生れる」は、短い間隔「やがて」で未来を展示する。対比されるジョン・ケージの具体的な「一時間四十分」。これは過去のものであり、おなじ計測される時間が「きみの」ものとしてあらわれる。

いま、書きながら気づく。

これらに共通しているのは「時」、あるいは時間ではないか、と。読み手がとくに気づくか気づかないかはべつにして、何らかの定点があり、その波紋のようにして、カレンダーやストップウォッチの時間、生体の時間、触知される時間が、文章のなかにあることどものなかで伸び縮みしている。武満徹は作曲家だから、時間のなかで動き、すぐに消え去ってゆく音を扱っている専門家だから、とまとめたいわけではない。恣意的にというより、第一エッセイ集のあたまから順番に引いた三つがこうなっていることに、不思議な感慨をわたしはおぼえている。

☆

武満徹の文章は、文章が巧みであるために、音楽作品そのものに批評が向かうより、文章を介して、文章を口実《プレテクスト》にして語られることさえ多々あった（現在でもある、かもしれない……）。それは、一人称が五感によってふれる世界を意識しながら、音楽作品としてではなく、べつの方途たることばで語ろうとすることによる。音楽は音楽でしか語れないことを語る。ことばで語れることはことばで語ればいいし、音楽が語ることではない。武満徹は作品について文章を記すときも、いたずらにその構造を複雑に説明しようとはしない。ここでも一人称を先に立て、みずからが外界から受けたイメージ、内的なイメージ、ことばから喚起される何ものか、を創作の、作品の契機として提示するばかりだ。作曲家が、いや、無数にいるミュージシャンが、みずからの作品やアルバムについてインタヴューで嬉々として語り、それを聴き手がつぎつぎに消費し、またときには、語られたように聴くというのは、武満徹じしんとは縁がなかった。自作について克明に解説をほどこすとは、映画のプログラムに印刷されている「あらすじ」や「ストーリー」と変わらぬだろう。

幼少《こども》の頃はじめて映画を観て、私に強い印象を残したのは物語の感動ではなく、もっと別のものであった。それは形を変えた思いがけない現実だが、レンズの性質が生みだす特殊な風景のようなものではなく、いかにも猥雑な日常の相貌と酷似した、もうひとつ別の現実なのである。驚きは、それによって日常の時空が不意に意識されることで、生じるのだ。

映画のために無数の物語《ストーリー》が書かれ、感傷的な旋律が作曲されたが、私たちは、映画というものを思い出すときに、それらがさほど重要なものではないことを暗黙裡に了解している。

少年時代に観た映画の題名《タイトル》を列記すれば際限ないのだが、私の記憶の表層に浮かんでくるのは、だが、凍結したような断片的な情景ばかりである。

私は、（映画について、考えたり、書いたりする場合でさえ）個々の映画の物語性というものには、さして関心をもてない。私にとって、映画は、夢の引用であり、そして、夢と映画は、相互に可逆的な関係にあり、映画によって夢はまたその領域を拡大しつづける。

副題に「映画随想」とある『夢の引用』（岩波書店）は、わたしじしんもっとも愛好する武満の本で、作曲家がどんなふうに映画を観ていたのかを、また同時に、音楽への向かい方、聴き方といったものを、多く示唆してくれる。音楽をめぐって記されるエッセイに較べ、いくぶん参考書を多用し、「勉強」というか、他者のことばを支えにしている側面もないではない。とはいえ、それは些細なことだ。武満徹という作曲家の文章は、音楽や音、それらとかかわる生・生活といったものにふれており、そこからの示唆も多いけれど、ことば、そしてイメージということにもかかわってくるという意味で、映画随想が一冊あること、映画についてのエッセイがほかのものにまじって配されていることが、複数のディメンションを持ちえている。

　つい、ディメンションと記してしまった。次元とでもいうのだろうか。印刷された紙のうえ、文字が視覚的に、一種のディメンションを持っていることも、しばしば、気づかされる。何らかの語にルビが、傍点がふられていることも特徴のひとつ。誰でもやっていることではあろう。それでも、ごくごくあたりまえの漢字、漢語に、そうか、こんなふうに読ませたいのかと気づかされる二重化がすくなからずある。先に引いた「幼年」を「こども」と読ませる、そんな例だ。あるいは括弧の使用。あたかも翻訳文のように、つけ足したほうがあいまいさを避けられるだろうという意図のもと括弧に括られることば。

　文章においてだけではない。音楽作品のタイトルでもこうした二重化はしばしばみられる。《雨の呪文《レイン・スペル》》、《声《ヴォイス》》、《星・島《スター・アイル》》などは字義どおり、ときには英語と日本語とのあいだにずれが介入することもある。《鳥は星形の庭に降りる》は「A Flock Descends into the Pentagonal Garden」だし、《ウォーター・ドリーミング》は「I Hear the Water Dreaming」であり、《虹へ向かって、パルマ》は「Vers, l'arc-en-ciel, Palma」となる。日本語のネイティヴ、英語やフランス語のネイティヴに対して、翻訳をつうじて提示すると割り切ってしまうのはたやすい。だが、こうした多言語的なありよう、ことばの多層性こそが、武満徹の音楽そのものにあったし、それが題名／タイトルというかたちでも顕在化するように、作曲家じしんが望んでいたのではなかったか。

作曲家が、なぜ、文章を書かねばならないか。バッハやモーツァルトは、手紙こそのこしたものの公にする文章を書いてはいない。八橋検校はどうか。ベートーヴェンはどうか。シューマンは音楽批評を書き、ベルリオーズは自伝を、奇妙なユートピア小説を書いた。例を挙げていけば、それはそれでひとつの作曲家と公の文章というはなしになろう。要は、「近代」以降の音楽（家）の位置、さらにこの列島における近代と西洋と音楽といったことになる。第二次世界大戦が終結し、自覚的に音楽を志そうとする、みずからの手で新しい音楽を生みだそうとする、その意志と社会の葛藤のなか、黙々とただ欲望にしたがって音符を書きつらね、作品を紡ぎだすのではかならずしもなく、ことばによって葛藤そのものに身をさらし、自己と他者のあいだにことばを掛け橋し、みずからの欲望とおこなうべきことを確認する。武満徹にかぎらない、林光にしろ三善晃にしろ、湯浅譲二、高橋悠治といった一九三〇年代あたりから四〇年代にかけて生を享けた作曲家たちがことばを積極的に紡ぎ、それぞれに独自の文体を持ったのは偶然ではない。メディアの要請も、人びとの関心もあるにはあったろう。一九五〇年以後に生まれた作曲家が、文章家としてはもちろん、ことばを用いることにさほど関心を持っていないかにみえるのを対比してみればいい。

☆

音楽があたりまえである、そこが出発点であるとき、ことばが必要であるか否か。ここは武満徹の文章の魅力を探るのが目的だから、こうした問いは不自然だし的外れだ。ただ、ことばが生まれてくる生身、生身をさらしている場が、音楽があたりまえであることと、もっと選択的に意志を必要とした時代とでは異なっていたのではないか。そう考えることもできる。武満徹が音楽するためには、音が、音楽が必要であるだけでなく、ことばも必要だった、それもつよく、たくさんのことばが。

いつも新鮮に響くことば、それは粗い鉱石であって私たちの日常のなかで磨かれて行く。私にとっては発見に富んだ書物だけが必要だ。私たちは本を読むことで思考し、さらに大切なのは、それによって歩行するということだ。とすれば、余りたくさんの書物は、かえって私たちの歩行の邪魔になりはしないか。（「私の本だな」）

一九六六年の文章である。書かれた時期、武満徹は三〇代半ば。このころと、六〇代後半で亡くなる一九九〇年代とでは、もちろん棚に収められている本の数は大きく違っただろう（亡くなった後の書棚の写真をみせていただいたことがある。個人的なはなしだけれど、そこにはひっそりとわたしのはじめてのうすい詩集の背表紙が、ほかの本たちのあいだにあった）。この頃、すでに私家版の評論集『武満徹⇧１９３０……∞』（一九六四年）はつくられている。『音、沈黙と測りあえるほどに』刊行まではほぼ五年。引用したセンテンスにあっても、単語ひとつの選び方、そのイメージのつながりは慎重になされている。ここでも「私たちの日常のなかで」というさりげないことばに、さらには「歩行する」というところにも、時間のながれを読みとってしまうのは、さっきもみずから引いた文章の記憶がまだ薄くなっていないからにすぎない。

もうひとつ。今度は、もっと後、一九八六年の、何度か新聞に分けて書かれた文章『限られることのない「世界」』から。

ひとつの小さな「歌」が、私の内面のかたくなな障壁を壊した。それによって私は、はじめて「他者」に気付いたのだった。だがそれは、ただ二項対立的な「自」と「他」の認識というようなものではなく、もっと包括的な、自らもその中にとりこまれている広大な「世界」に対しての、期待と憧憬の感情だった。「日本」というようなもので限定されることのない「世界」。私が音楽をはじめたのは、私の内によびさまされたその「世界」に対しての感情を、さらに確かなものにしたいという欲求からだった。私は、音楽を通じてしか「世界」に呼びかけることはできないのではないか、と思った。

二項対立や、括弧づきの「自」「他」や「世界」は、ともすれば引っ掛かってしまうひともいるかもしれない。生硬な語というひともいるかもしれない。この文章を生硬と感じさせつつも読ませてしまうのは、「ひとつの小さな『歌』」であり、「期待と憧憬の感情」である。さらにはつよさが滲みでてくるような「欲求」であり、「私は、音楽を通じてしか、『世界』に呼びかけることはできないのではないか、と思った」ことである。ここに、第二次世界大戦が終わって、ぽっかりとぬけるような空が広がっているどこかで、期待と憧憬の感情を抱いた青年の姿をイメージするのが正しいか正しくないか、そんなイメージさえ抱けるか抱けないかといったことが、文章そのものにかかわってくるかどうか、わからない。それでも、ほんの数行の文章にひとつの世界観が消えたり立ちあがったりするさま、ほんの些細なことどもが介入している事実は感じとりたい、とはおもう。それは武満徹の個人的な生の問題であると同時に、まったく切れた、ひとつのことばの紡ぐイメージの世界として、すくなくともわたしは、感じる。

音楽について、音楽と文化について、その「あいだ」に身をさらす作曲家がことばで思考することをエッセイとしてみごとに提示しうるとみなされる武満徹ではある。だが、個人的には、私家版として出版された小説『骨月——あるいはa honey moon』であったり、著作集第五巻に収録された、「宝石」誌に一九六〇年に執筆された数ページほどの短篇『白い道』と『日没』、さらにはメルヒェン『海』や、軽い「ソング」のための詞といった、「創作」に類することばたちへの愛着を抱いている。そこには作曲家が日々生活するなかでミステリーや恐怖小説への興味、親しみが、音楽を語るときとは異なったかたちであらわれる。日々の生のなか、音・音楽にかかわり、それを言語化しようとするいとなみと、もっと表面的であるがゆえにスタイリッシュに、気楽に扱うことができるもの。『骨月』は、「妻に」との宛先と、「将来、中国へ自由に旅行できるようになったら、あなたと恐竜の化石を探しに骨月の旅に発《た》とう」としめくくられる最終行とともに、武満徹にとっての、もうひとつの文章の美しさをあらわさずにはいない。

『骨月』、最終行より前、二つのパラグラフを引く。

あなたに似ているわたしの叔母のことについては、これであらまし話したはずだ。叔母のあの古い琴柱についてては調べようもなかったが、前野良澤が原養澤に渡した骨片で作られていただろうという私の想像は変らない。
骨はやすむことなく時を刻んでいる、こつ・こつ・ぼーん・ぼーんと。

著作集五冊をかたわらにおきながら、武満徹の文章を折にふれながめていると、多くの文章が音や音楽、文化にかかわるのは自明ながら、そこからはずれてしまうもの、に、目がいってしまう。この小文のなかでもふれた映画をめぐる随想や創作について、さらには著作集にははいらなかった、病院のベッドで書かれ、また色鉛筆で描かれたレシピの数々(『サイレント・ガーデン——滞院報告・キャロティンの祭典』新潮社)。武満徹のことばのいとなみは、さまざまに層をなす生の、生活の豊かさを照らしだす。それはわたしみずからが年齢をかさね、すこしく体調などを悪くしながら、生活を省みたりするからなのかもしれないのだけれども。

谷川俊太郎——武満徹と

宇宙人から〈アダマペ　プサルネ　ヨリカ〉と問いかけられました。何と答えますか?との問いがある。問いのなかの問い。『谷川俊太郎の33の質問』(出帆社/ちくま文庫)、27番目。

武満徹は答える。

武満　……ヨリカ?　って言うな。
谷川　反復するのね。
武満　ヨリカ?　ってきく。(笑)
谷川　自作のレコードを聞かせたほうがいいんじゃないかな。

『谷川俊太郎の33の質問』は愛読書だった。過去形で書いてしまったけれど、いまでもときに手にとる。成増の古本屋で入手したのだとおもう。谷川俊太郎が決まった33の質問をし、相手が応える。なかにはすこし時代にとりのこされていくような問いもあったかもしれないが、それがまた逆に、その時代、一九七〇年代から一九八〇年代を彷彿とさせる。

谷川俊太郎には、和田誠が絵をそえた『とおるがとおる』という絵本がある。一九七七年一二月、あかね書房刊。「とおる」という少年が、いろいろなことが気になって試してみる。親やいとことのやりとりでおもしろがったりする。そんな絵本。べつに作曲家の名と「とおる」でかさなるからといって、モデルではないだろう。音としてのおもしろさからとられたとみるほうがいい。そのうえで、でも、友人の作曲家の名から、というのもすこしはありそうだな、とはおもう。そういえば、手塚治虫のマンガ『三つ目がとおる』の連載も一九七〇年代の半ばだった。この「とおる」も音として、何かあってもおかしくはない。勝手な連想だけど。

「とおる」が「いとこのマータン」とあそぶのは本の後半。マータンはまだあまりことばを明瞭にはなせない。いや、本人はちゃんとはなしているつもりなのかもしれないが、とおるにはわからないところが多い。

なにが　なんだか　さっぱり　わからないので、　とおるは　すこし　やけくそになってきて、　大きな　こえで　さけんだ。
「はんだら、ほんだら、やぁのぉむぅけぇそぅでぃふぅぱぁ、ざじがらのねまりたはぎゃぁみゃあ！」

マータンはよろこんで反応する。ときどき地の文があって、犬のタマまで参加して声をだす。それいがい、意味をなさないひらがなでほとんど見開き二ページはいっぱいに。このあたりもおもしろいが、マータンが帰ったあと、とおるにおかあさんが何をしてあそんだのかと問うと、とおるは答えるのだ。

「そうだなあ、いってみれば、セカイのハジマリごっことでも　いうのかな。」

おとなになった読み手、つまりわたしは、笑ってしまうのだけれど、同時に、なるほど、ともおもうわけだ。声があり音がある。なんらかの意味をこめて声を発しているはずだが、声はまとまりをもたない。相手にも伝わらない。でも、伝えたいという何かはあって、それぞれに音を、声をだしあっている。それを「セカイのハジマリ」と呼ぶトオル。唸ってしまう。絵本『とおるがとおる』が出版されたのは「ユリイカ」誌の武満徹特集より二年くらいあとだし、「とおる」が作曲家とかさなるわけではなく、むしろことばあそびのようにして選ばれた名だとおもうものの、それでも、とおいところで宇宙人への問いかえしと、子どもの「セカイのハジマリごっこ」がつながっている。そんなふうにおもう。

絵本のはじめにあるエピソードは、とおるが「ぼく、大きな　白い　かみが　ほしいな。」とおかあさんに言い、店——「せいぶんどうさん」(!)——に行って購入、勉強机の前に貼って、ずっとみている、というものだ。おかあさんが何にもかかないのと問い掛けると、とおるは「見てるのさ」といい、「いろんなものが(見える)」といい、「おもしろいよ、白い　かみって、なんでも　すきなものが　見えてくるよ」なんて言うのである。サム・フランシス——作曲家はこの画家の作品を所有していたのではなかったか——のホワイト・ペインティングやジョン・ケージの《四分三十三秒》を、つい、連想してしまう。もちろん、おかあさんにとおるが怒られ、おしりをぶたれたりもするのだが、それが「十」というのなど、詩人のユーモアにくすりとさせられる。

冒頭に引いた谷川俊太郎のコメント「自作のレコードを聞かせたほうがいいんじゃないかな」は、短く、ちょっとユーモラスでありつつも、正鵠《せいこく》を得ている。こんな文章を引いてみる。

武満徹の音楽は、いつも同じみたいだ、同じように始まり、同じように終わる、と言うひとがいたとする。かれは、不注意なのか？　耳が悪いのか？　たしかに、武満はいちどとして、同じようにはじめないし、同じように終わらない。にもかかわらず、いつも同じだ！　という感じかたは、まったくまちがってはいない、ともいえるのだ。

林光のエッセイ集『エンビ服とヒッピー風』（晶文社）に収められた「終わらない歌　ふたたび武満徹に」から。すこしあと、武田明倫の、武満徹が「その作品を終わらせたくないから」と語ってくれたことがあることを引いてから、同年代の作曲家はこんなふうに書く。

『アステリズム』のおわりにあらわれる、ペンタトニックの、ピアノ独奏部。あるいはまた、『グリーン』のおわりの、主題の再現であるかのようにきこえて、実は中断してしまう旋律。

ぼくは、もしかしたら、と思う。武満は、「その」作品を終わらせたくないだけではなくて、彼のぜんぶの作品を、つづけて演奏させたいのじゃないのか？

林光の文章は一九七四年に雑誌に発表され、同年、エッセイ集の冒頭に収められた。「ユリイカ」の武満徹特集号の一年前だ。わたしはといえば、林光の『音楽の本』（晶文社）と『エンビ服とヒッピー風』を、作曲家のエッセイ集としては武満徹の『音、沈黙と測りあえるほどに』（新潮社）と同時期、――あとは高橋悠治『ことばをもって音をたちきれ』（晶文社）か――をくりかえし読んでいたので、のちの武満徹観につよく影響をうけている。

終わらせたくない。つづけて演奏させたい。こうしたことばが読み手にはたらきかけ、音楽の聴き方にバイアスを与える。いいのかわるいのか、わからない。文章をこうした読み方をすることは、一〇代の特権であったかもしれない。その一節がずっとわたしのなかでひびきつづけているのもたしかだ。そして、谷川俊太郎の問いにたいする武満徹のこたえは、さらに谷川俊太郎のごく短いコメントは、ごく初期において作曲家が「音の河」という言い方をしているものと、無縁ではないようにおもえてしまう。《弦楽のためのレクイエム》についての「はじまりもおわりもさだかではない人間とこの世界をつらぬいている音の河の流れの或る部分を。偶然にとりだしたもの」とか、「ぼくの方法」という文章、のような。

ぼくは、一九四八年のある日、混雑した地下鉄の狭い車内で、調律された楽音のなかに騒音をもちこむことを着想した。もう少し正確に書くと、作曲するということは、われわれをとりまく世界を貫いている《音の河》に、いかに意味《シニフィエ》づけるか、ということだと気づいた。(「ぼくの方法」)

☆

先に引いた『谷川俊太郎の33の質問』の冒頭におかれているのは、武満徹との対話、詩人が作曲家へ問いをむけ、やりとりするというものだが、これがほかの対話と異なっているのは、詩人じしんが断っているように、対話だけではなく、詩人のコメントがあとでつけられているところ。

この質問＝対話の初出は「ユリイカ」誌だった。そのときには、詩人のコメントのうえに、作曲家の頭部のイラストがついていた。顔のした、襟のあたりには「ma」とあるのだが、イラストレーターのサインなのか、それとも「間」のことなのかは判然としない(半分は冗談だが)。当時の編集長に訊ねてみればわかるかもしれないけれど。

谷川俊太郎と武満徹とは、ごく若いころに知りあい、つきあいを保ちつづけた。作曲家が世をさったあとも、公私ともに、詩人はひとと作品をサポートしてきた。

コンサート用の作品で谷川俊太郎の詩がもちいられるのは多くない。テープ作品《ヴォーカリズムA・I》があったり、「ソング」ではいくつもみいだすことができるし、「ソング」が合唱曲になったりする。それいがいでは朗読とオーケストラのための《系図——若い人たちのための音楽詩》くらいか。

詩集『はだか』からとられた五篇による《系図――若い人たちのための音楽詩》は、原文にすこし手を加えて――「ぼく」を「わたし」というように――おり、日本語版と英語版、両方がある。声楽作品ではなく、朗読だ。

計画していたオペラはといえば、はじめは大江健三郎の作品を谷川俊太郎がリブレットを書く予定だったが頓挫。

《うた》は、さまざまな機会に書かれたものを、武満徹じしんが合唱に編曲したもので、谷川俊太郎のテクストがかなりの割合を占める。もともとのソングの出自をおもうと、コンサートでうたわれ、きかれるための合唱曲とはすこし位相が異なっているようにもおもう。あとは、《芝生》。これも谷川俊太郎の詩の英訳が用いられた合唱曲。

☆

武満徹にとって、谷川俊太郎は、ある意味、ひとつの、いや、ひとつにはちがいないのだけれど、いくつかに分岐している道、かっちりとしたコンサート用作品を手掛けている心身が、べつの世界に、シンプルな語り口であるがゆえに、いろいろなところでうけとられる世界へとつうじている複数の道、ではなかったか。風がとおってゆく道。そういえば、谷川俊太郎は『チュビズム宣言』（PARCO出版）という本の冒頭に、文章を寄せていた。

詩作品の創作が中心におこなわれているだけでなく、もっと柔軟な、さまざまなかたちでのことばがありうる。詩作品に音楽を「つける」というようなことに禁欲する、敬遠するところが、武満徹にはあったのではないか。この列島のことばで書かれているものについてはとくに。うたわれるものとして、それもソングとしてなら、アプローチができる。あるいは、朗読するというようなかたちなら。

作曲家と詩人との、このようなつながり、友人としてのありようは、ほかに、どれくらいあるだろう。ある幸福な、とても幸福な——。

音・音楽を呼ぶことば

音楽が必要だ。音楽があればいい。そういう人がいる。全身で音楽を希求する。音楽なしには生きていけない、生きていく甲斐がない。とはいえ、日々をふつうに生きるなか、このようにおもうには、まず音楽を知らなければならない。どこかで音楽と出会わなければならない。たとえことばを知らなかったとしても。音楽は、まず外に、わたしの外にある。

武満徹にとっても音楽は外にあるものだった。あるとき、ある音楽にふれ、音楽を志した。第二次世界大戦中、作曲家自身も書き記していることだ。

武満徹は、音楽作品を創りだすとともに、文章も世におくりだした。ことばは、文章は、この作曲家をとらえるうえでけっして蔑《ないがし》ろにできない。映画や絵画といった視覚芸術にもいえるだろう。武満徹は楽曲を、音楽を生みだすしごとを中心にはしていたが、日常の生活のなか、さまざまなものを吸収し、他者との対話をとおして、音・音楽をとおしてではないツールを持っていた。音楽を、楽音や音のつながりといった内的なシステムのみでとらえるだけでは飽き足らなかった。

ことばは、必要だった。ことばをつうじて伝えること、伝えられることがある。表現が抑えられていた時代から、終戦になり、自由を知る。作家たちは独自のことばを発するようになる。詩の、小説の、戯曲の、造形の、音楽の、それぞれの表現。ことばは表現や作品の外にあるが、ことばをとおして、人びとにアピールできる。なぜ表現するか。なぜこのかたちをとるのか。ことばはそれぞれの表現とはべつのかたちで文学に近づき、ときに、文学になる。

時代的な要請もあっただろう。モティヴェーションを、表現のかたちを、ことばで解くこともみずからの創作にあった。ことばを練りあげ、他者につうじることばを、書きながら考える。それは通路になる。作品があればいい。音楽があればいい。聴いてもらえばそこにすべてがある。そんなふうに言える状況、たとえば現在の、二一世紀の、表現と発表の状況との違いを対比してみてもいい。

音から音楽へ、音楽から音へ、という往還とともに、ことばから音・音楽へ、視覚的なイメージから音・音楽へ、あるいは、ことばからイメージ、そして音・音楽へ。あることばやイメージがきっかけになって音・音楽へとふっと跳躍する、べつの展開・転回がなされることがある、ありうる。武満徹にとってことばとイメージは、音楽作品をつくるにあたって、必要不可欠なものだった。ことばが介在することでこそ、だ。瀧口修造を介してシュルレアリスムに出会ったことも大きかった。シュルレアリスムは音楽においては多くのことはのこさなかったけれど、ことばとイメージにおいては大きなものがあった。

たとえば武満徹のこんな文章――

マックス・ピカートの一行のことば、タゴールの一編の詩は私の生き方に勇気をあたえてくれるし、大江健三郎の小説はただちに音楽的プランに置きかえられて私に働きかけてくる。（「私の本だな」）

あるいは、入院生活のなか、カルヴィーノと蕪村を一行もしくは一句ずつ「味わうように目で追って」、といった文章の後半部――

私の場合は、大きな流れにたゆたいながら、不意に起ちあがる、杭のような言葉やセンテンスのひとつひとつと、その度に交渉をもちつつ、書物それ自体とは一見無縁な寄り道を楽しめれば、それは最も充足した読書（体験）と言える。（「読書の様態」）

ここに、作曲家がただストーリーを読むのではなく、文章のことばのちょっとした表情に足をとめる姿をみることができるし、それはまた、音楽のなか、メロディやハーモニーといった時間のながれにあるものだけでなく、瞬間瞬間の音の表情に耳をかたむける姿勢と重なってくる。

武満徹の著作集を開いてみれば、ところどころに作家について記された文章を読むことができる。大江健三郎、坂上弘、安部公房、石川淳について記され、谷川俊太郎、大岡信といった詩人とは、音楽作品にそのことばをつうじてかかわりあった。タイトルが決まってしまえばある程度は作品ができたと同然と語る作曲家は、文学とつながりのあるタイトルを作品に与えてもいる。大江健三郎の小説からとられた《雨の樹》はわかりやすい。《十一月の霧と菊の彼方から》と《揺れる鏡の夜明け》——これらは詩の連作からとられたが、あわせてタイトルの、日本語としての「k」音のひびきとイメージに注目したい——、《ア・ストリング・アラウンド・オータム》は大岡信の詩にもとづき、《遮られない休息》や《ジェモー》は瀧口修造に由来する。《遠い呼び声の彼方に！》はジェイムズ・ジョイス、《そして、それが風であることを知った》はエミリ・ディキンソンから。先に作曲家のことばを引いたように、これらは何らかのかたちで音楽作品の生成に関与する。音の、音たちのうごめく場のつくりにかかわる。

☆

琵琶と尺八、オーケストラのための《ノヴェンバー・ステップス》が作曲される際に書かれた「十一月の階段 November Steps に関するノオト」は、創作上の軌跡を描きだす、著書『音、沈黙と測りあえるほどに』(新潮社)に収められ、よく知られた文章である。二〇一七年八月、この四〇〇字詰め原稿用紙二五枚の原稿が、日本近代文学館に所蔵された。自筆でなく、浅香夫人による清書だが、ここに、作曲と演奏とがしばしば分離してなりたつ音楽なるもののありようを、作曲家が音符を書き演奏家が具体的な音としてたちあげ、それを現実の音として作曲家があらためて耳にする、というありようのまたもうひとつべつの――清書された原稿をべつの目でみる・読むという――かたちを、また武満徹が、先にふれたように他者のことばに触発され、ことばが音・音楽を喚起するありよう、重奏・重層するありようを、わたしは、ある感慨とともに、みる。

日本近代文学館所蔵の武満徹関連リストをみながら気づいたことがある。山川方夫と交わした数通の書簡と、ラジオ・ドラマの放送台本からだ。作家山川方夫は交通事故により、三四歳という年齢で、世を去った。わたしはこれまで、山川方夫と武満徹をならべて考えたことはなかったけれど、この名が浮上することで、ひとつ、気になった部分が埋められた、埋められたような気がした。そのことを記したい。
一九五九年、雑誌「宝石」に掲載された山川方夫の『その一年』は芥川賞候補となり、作品は文藝春秋新社から出版された。武満徹は作家から著書を贈られ、その礼と、出版記念会の予定を書簡で送っている。これだけなら親しい間柄というのがわかる程度だろう。だが、である。この短篇は米軍キャンプにトランペットを吹く人物が、そしてひとつのトーンとしてジャズが、第二次世界大戦後のこの列島における音楽のひとつのかたちが、描かれている。武満徹は音楽家として足をはこぶことこそなかったものの、米軍キャンプに出入りし、日々の糧を得ていた時期がある。

ジャズは論じられるべき性質《たち》のものではない。ただ感じるものである。（…）ジャズは、なにものをも探ろうとしない。ジャズは、表現よりも行動という言葉の感覚に近い。それは欲望の呻きであり、嗚咽であり、祈りの呪文である。（「The try ――ジャズ試論」）

一九五七年の文章。あくまでもしかしたら、にすぎないけれど、武満徹はかつての生活を、おなじ一九三〇年生まれの作家と語りあっていたのではなかったか。それが何らかのかたちで『その一年』に結実したのではないか。作曲家にはエッセイでなく、ショートショートと呼ぶべき『白い道』や『日没』という創作があり、「宝石」――一九六〇年の三月号、九月号――に掲載されている。そこにわたしは、作曲家にフィクションを勧める作家の山川方夫の影を垣間みてしまう――。

武満徹は《弦楽のためのレクイエム》を作曲し、一九五七年に初演する。二年後、ストラヴィンスキーが耳にする機会を得、高く評価した。ちょうど山川方夫の芥川賞候補と単行本化の時期である。何のつながりもないのかもしれない。だが、ちょっとした資料から浮かびあがり、偶然、こちらがあるドラマを読みとってしまう興奮がここにある。作家・作曲家の実生活を熱心にたどることのない身であっても、だ。

武満徹は、以後、小説『骨月』(一九七三年)をのぞき、散文の創作はしていない。

武満徹のショートショート

ディオニュソスのような太陽。午後三時の太陽だ。(『日没』)

「俺」はずっと待ち伏せしている。
相手は「彼奴」だ。ジャック・ナイフを手に、復讐の機会を狙っている。
「俺」は、こいつのせいで片目を失っている。太陽は、いま、真上にある。

やがて彼奴が来るだろう。老いた彼奴は暑さに渇えて、口から製鉄所の煙突のような紅い焔を吐きながら、ぜえぜえいって来るだろう。しかし、彼奴の軀には、まだ敏捷さが残っている。

「彼奴」が来る。眼をあわせる。「彼奴」もまた、いつしか、片目になっていた。そして一瞬の決戦。

真昼の世界に、俺にだけ夜がやってきた。

「俺」は残っていた目も失った。そしてこの夜のなかで記憶がめぐる。「彼奴」の美しさ、ともに過ごした愛の生活、そして突然に「俺」の目を刺して、でていった……

ハードボイルドである。時制は現在形。

ずっと「彼奴」と呼ばれていたものの姿が明確になるのは、最後の数行だ。しかも、いま、二一世紀になって、この二文字のならびをスムーズに読めるのは、いったい、誰だろう。これまでどんなものを読んできた「奴」だろう。最後の二行は――

ああ、彼奴!

oh! cat…………

なんとまあ、おもわせぶりな、おもわせぶりなユーモア!

かわいがっていた黒い猫が、飼い主を引っ掻いてでていった。その猫に復讐せんとしたものの、逆にやられてしまった、というはなし。『日没』なる題名は、片目である状態から失明してしまう状態を指す。はたして、これをもとに、大袈裟な映画を想像してみたら、どうだろう。

武満徹がこのショートショートを発表したのは一九六〇年。初出は「宝石」九月号。一九六〇―七〇年代、「宝石」はすくなくとも一〇代にとっては、何かしらおとなの、それも、黒いところや暗いところが描かれることばの群れが活字となっている雑誌であった。

ところで、この「猫」→「彼奴《きゃつ》」→「cat」といった語の連想は、骨についてのエピソードが重層される短篇『骨月――あるいはa honey moon』の終わりにもつながってくる。

骨はやすむことなく時を刻んでいる。
こつ・こつ・ぼーん・ぼーんと。

わざわざ説明するまでもない、骨の英語はbone、それが「ぼーん」で、「骨」の音読み「こつ」と柱時計のふりこのようなひびきをたてている。

音楽作品を想起しても、こうした外国語と日本語の相互的な翻訳や語呂あわせはすぐにみつかる。典型は、オーケストラのための《夢窓》だろうか。夢と窓とをべつべつにとらえ、でも、それが夢窓疎石という人物を、またどこかシュルレアリスティックなイメージを連想させつつ、Muso とも Yume Mado ともせず、英語のタイトルでは《Dream/Window》となる。漢字一文字一文字がべつべつに翻訳される。スラッシュで区切られることで、両者が行き来し、互換するようにもみえる。

作曲家にかぎらない、作家でも画家でもいいのだが、そのひとの「テリトリー」からはずれる何らかの「創作」が残されている、遺されているのにふれると、「テリトリー」との共通と違和とを、いつしか、ひとは測っている。武満徹の場合もそうだ。多くのエッセイは、この列島においては、音楽作品が聴かれるよりも読まれているかもしれず、それを解読格子として、音楽作品が語られもする。

では、数篇の短篇はどうか。音楽作品とならべて読むとしたら。もちろん、コンサートで聴かれるべき音楽作品と、ちょっとしたてあそびのようにして書かれた文章を、おなじところでみてみるというのは無理があるのかもしれないし、そんなことをしてはいけないと思われるかもしれないのだが。

☆

「宝石」に『白い道』や『日没』といった短篇、ショートショートを発表したのが一九六〇年。ずっと後、私家版で出版された『骨月』は一〇年以上経っての一九七三年。メルヒェンのような『海』は、いつのものか確定できない、という。書かれた時期こそ違っても、どこかに死が、死の影が描かれているところが共通する。とはいえ、急いでつけ加えなくてはならないが、その死はかならずしも一篇全体を染めあげるのでなく、ひじょうに即物的に、ドライに、ひとつの出来事、事故として扱われる。

小坂が権兵衛を殺そうと思うようになったのは、別に大した理由があったからではなかった。吉仲と話しているうちに、ふとそんな気になったまでだ。そして、何故かその考えに執着してしまった。

吉仲はわらいこけて、

缶詰よりは、生きた奴の方が美味い

だろうからな、

と云った。

小坂はもちろん権兵衛を喰おうとは思いもよらなかった。が、自分が吉仲と特別の関係なんだという優越感を、権兵衛殺害の行為で佐藤に誇示してやりたく思った。(『白い道』)

徴用学生・小坂は、教育のない伍長・佐藤の態度に反感を抱いている。権兵衛は佐藤が可愛がっている牡牛である。吉仲は小坂の上級生で見習士官、つまり佐藤より位は上になる。軍隊内でのヒエラルキーと互いに抱かれているコンプレックス、一筋縄ではいかないもつれが短篇の主部にあり、『日没』と同様、ひとつのオチで締めくくられる。

『白い道』には改行が多いのも特徴だ。はじめのほうは、とくに、一文ごとに改行されている。それが重なって、読み手のなかにイメージがかたちづくられる。引用した部分では、一文さえもが、改行によって、文字の下に広がっている紙の空白を浮きあがらせずにはいない。ここにある「わらい」と空白を、その後に生じる殺戮と手段の前兆とみることはできるか、あるいは、できないか。

第二次世界大戦が終わって一五年。武満徹は兵にとられることはなかった。戦争の記憶はつよく残っていた。上下関係、愛憎、奸計、裏切り——けっしてかんたんには割り切ることのできない、ないまぜになった、解きほぐせない状態、とは、じつはフィクションとしての短篇でもそうだが、音楽作品でも「おなじ」ではなかったろうか。複数のことを同時に語る——作曲家は、そんなことを語っていた。それは、昨今の、ここには「感動」があります、これをみれば、きけば「泣けます／笑えます」と一方向的に顕示する、パブロフの犬的にヒトを扱うエンタテインメントとは大きく異なったものだった。

どうして武満徹の短篇を、ショートショートを、フィクションを、読むのだろう。

高名な作曲家、個人的に音楽作品を好んでいる作曲家だから、というのもないわけではない。おそらくは、音楽作品とはべつの何か、それでいて、交差する何かがみたいから、音楽作品や、水彩で描かれた色が生みだす抽象的なかたちや、色鉛筆での野菜やレシピなどとともに、ひとが生きている、生きてきた、そのたくさん、たくさんの「生」のかさなりを、かさなっている姿をみたいから、なのだろう。ただ音楽作品がのこされている、それへの興味や愛好だけではなく、ひとが生きている、生きてきたという軌跡やリアリティのため、か。

もちろん――それは「わたし」が、なのだけれども。

ことば・詩・声　断章として

武満は、ことばのついた作品、ひろい意味での「歌曲」を、少数の例外をのぞいて、つくっていない。

（ここでも、保留すれば、いわゆる「ソング」はべつである。谷川俊太郎〈『死んだ男の残したものは』〉や関根弘の詩につけた曲、また『不良少年』その他の映画や芝居のためにつくったソングは、べつな機会に論じることもあるだろう。）

それは、不思議なことではない。ある恥かしさを伴うことなしに、それともべつな言いかたをすれば、ある強引さを伴うことなしに、日本語で四つに組んで作曲することは、不可能だ。（だから、やらない、ということではすまないと、ぼくは考えるわけだが。）

はやいうちに読んだし何度も読んだので、いつのまにかじぶんが考えたようにおもってしまったような錯覚。一九七〇年代前半に書かれた林光の「終わらない歌　ふたたび武満徹へ」(『エンビ服とヒッピー風』晶文社)から引いた。

このしばらくあとには、歌曲ではないけれど、ことばが作品のなかにはいってくる、それも《ノヴェンバー・ステップス》以後に、と記され、《スタンザ》のIとIIのヴィトゲンシュタイン、《四季》での星座が挙げられている。結局、と言っていいとおもうのだが、武満徹は最後までことばを「うたう」作品、コンサート用作品をほとんど手掛けなかった。林光の指摘は何十年も、亡くなるまで、有効だった。同年代の作曲家は、この時点で唯一の声とオーケストラの作品、大岡信の詩による《環礁》について、「(…)ソロ・パートだけについていえば、ブーレーズ節の日本語版であって、あまり面白くない。というより、日本語とややずれたところで、解決されちまっている」とにべもない。

想像である。武満徹は、器楽曲のようなスタイルでことばを扱う、うたわせることに、どこか、違和感があったのではないか。《環礁》はよくもわるくも、自覚する機会になったのではないか。英語での音のひびきのほうが西洋楽器になじむ。西洋楽器で演奏される音楽に、この列島のことばはどこかでそぐわない。そんなふうに考えたのではないか、とおもってみたくなる。不遜か。《ノヴェンバー・ステップス》での琵琶と尺八、オーケストラとの対置とはどこかちかい感覚で。

《ヴォーカリズムA・I》も想いだす。谷川俊太郎とつくったテープ作品で、男性と女性、ふたつの声による。発するのは「A／ア」と「I／イ」の二音のみ。二音のみだが、ピッチが変わり、ニュアンスが変わり、変調されて、ベーシックな音韻でありながら、多様な意味を生みだす。湯浅譲二がおなじくテープのためにつくった《ヴォイセズ・カミング》にもつうじるかとおもわれるが、わずかに年長の親しい作曲家がことばと音楽において展開してゆく作品の方向に、武満徹はむかわなかった。ことばの遊戯性については、ときに、文字で記すことや、日常において、だったか。

☆

武満徹が師と呼ぶ瀧口修造はといえば、その詩はしばしば音楽作品のインスピレーションとなったし、タイトルとしても借用された。《妖精の距離》が、《遮られない休息》が、《マージナリア》が、《ジェモー》が、なんらかのつながりをもっている。しかし、瀧口修造の詩は、といえば、ひとつとして音楽をつけられてはいない。いや、唯一『手づくり諺』がある。あるといっていいか。ジョアン・ミロに献呈されたことばたちだ。ただ、これが詩作品なのかといえば、ちょっと違うようにみえる。「手づくり諺」というタイトルの詩、かもしれない。ただ、第二次世界大戦後、瀧口修造が「詩」と呼んだテクストがあるのかどうか——そう言ってしまえば、それ以前も、いささか疑問ではあるのだ。詩集と呼ぶものがはたしてあったのか、どうか。類するものも、あくまで「詩的実験」と呼ばれていたのではなかったか、と。それはともかく、諺というどこか匿名性のあるテクストは、武満徹にとって、フルートのための《声《ヴォイス》》では声に発され、オーボエとトロンボーン、二群のオーケストラのための《ジェモー》ではタイトルに引かれ、そのままのタイトルで四篇が選ばれてコーラスのための《手づくり諺》になった。

急いでつけくわえておかなくてはならないが、瀧口修造であれ谷川俊太郎であれ田村隆一であれ、声のための作品として「うた」われるにしても、それも英語で、この列島のことばではない。林光の指摘するとおり、列島のことば、日本語は、ソングいがい、徹底して回避されている。日本語というローカルなことばではなく、英語というグローバルなことばが選ばれている。海外でも演奏できるように、と言うのはかんたんだ。でも、そういうことなのだろうか。

☆

複数のことを同時にかたる。武満徹はそんなふうに言っていた。ことばはそれがやさしそうでむずかしい。音楽は、たとえば、それぞれの楽器が複数のことを同時にかたることもできる。ことばは、どうだろう。小説的な形式で、つまり文字とレイアウトといったかたちをとって（最終的に）全体が複数のことを語（りう）るにしても、いや、実際に、ことばは否応なく複数のことを語ってしまうのだけれど、ひとの視線そのものは、読んでとりあえずたどってゆくうえでの認識は単線的だ。もしことばを歌わせたとしても、それを同時に聴きとるのは、複数の音の線を聴きとるのより難しい。

☆

詩は音楽をよせつけない。それだけで成りたつものだ。余計なものはいらない。詩は詩として、そのままにしておく。手をつけない。映画において、音はできるだけ削るといった武満徹である。音楽作品にする、とは何かをつけたすことだ。それによって増幅させるものがある。安易に詩＝作品に音符をつけるのではない。べつの解釈＝演奏の可能性、潜在性をひきだす、そういうことはある。でも、詩は、それだけで、ひとつの音楽性がある。ことばの紡ぐ音楽性が。すべてがというわけではないし、音楽性のある詩は多くはないが。武満徹は詩の音楽にふれないようにしている。詩はそのまま詩で、という意志。

武満徹は詩人の魂を持つ、とか、言いたいのではない。詩が、単独でなりたっていることを意識していた。詩篇への敬意を保ちつづけた。本人も詩は書かない、と言っていた。

僕は何でもやるけれど、小説も書くし、絵もかくし。しかし詩はかかないんだ。これはかなりはっきりした自分の持論だと思うんだ。（谷川俊太郎との対談より）

ただ、僕はつねに詩を意識しているということがあるのですね、きっと。僕は何でも好きで、何でもやりたいんです。でも詩だけは書かない、というところがあって……。（吉増剛造との対談より）

詩は書かない。でも、ソングの歌詞なら書いている。

歌詞はべつである。うたわれるため、ふしがつけられて成りたつもの。ふしが、そのままイクォールとは言いにくいが、メロディと言い換えてもいい、が前提である。ふしとことばは、もちろん片方だけになってしまうこともあるけれど、基本的にひとつのもの、ひとつになっている。もし歌詞カードになっているなら、その文字が読まれるとき、ふしもまたあわせておもいだす、というような。

詩作品ではなく、詞。うたわれる詞。その判断基準は、作曲家にある。そして武満徹は詩を回避し、しかもこの列島のことばを回避する。《手づくり諺》は英語で、《マイ・ウェイ・オブ・ライフ》も英語、しかも後者は田村隆一という詩人の散文による。谷川俊太郎の《芝生》は詩篇ではあるけれど、これも英訳だ。

全一二曲の《合唱のためのうた》はといえば、「ソング」を編曲したのがほとんど。

☆

秋山邦晴の詩による、合唱のための《風の馬》は一九六一年から一九六二年にかけて。ソプラノとオーケストラのための《環礁》と同時期。この時期、武満徹はことばをどうにかしたいとどこかで考えていたのではなかったか。《風の馬》にしても、全五曲のうち、一、三、四曲は「ヴォカリーズ」で、ことばをもっているわけでない。しかも、「ヴォカリーズ」にはとくに指示はないのに、ことばをもっている二篇〈指の呪文〉〈食卓の伝説〉は、それぞれ「しゃべるように」「ブレス」「ブレスでしゃべるように」「吐く息」「吸う息」「ほぼその音程で」、「ほぼその音程で」「有声によって叫ぶように」「ブレスによって（無声音）」「しゃべるように」「t, s, k＝子音を破裂音として強張《ママ》する」「非常に高い音程はうら声によって」といった指示が記され、発声についての試みと、通常の「合唱」とのコントラストで構成されているとみていい。また、ことばを持つ二曲とも、日本語のみならず、わずかではあるけれど、外国語——チベットのことば、か？——が挿《はさ》みこまれて、この列島のことばをすこし揺さぶっている。

男声六重唱のための《手づくり諺》は一九八七年の作品。「四つのポップ・ソング」と副題がつけられる。楽譜には「瀧口修造 詩」とあり、解説にも、「瀧口修造によって書かれた同名の詩から、つぎの四つの詩に作曲された」として、〈Your eyes〉〈Three bonzes〉〈Cinderella's misfortune〉〈A farewell gift〉と英訳および日本語が記される。演奏指示として掲げられているのはハミングと「u, e, o」音については半分口を閉じて、と、「a, wa」は口を開いて、そして、ラレンタンドのみ。《風の馬》より簡素化されている。あと、出版は日本ショットからだが、表紙にはめずらしく宇野亜喜良のイラストが配される。

うたうのがむずかしい、とは耳にした。ハーモニーのつくりがなかなかとれないのかもしれない。それとはべつに、音符のならびは器楽作品のようにはややこしくない。実験性はあまり高くない。

個人的には、《風の馬》も《手づくり諺》も、ヨーロッパの合唱音楽というより、バーバーショップ・コーラスのエコーをつよく感じる。

☆

《混声合唱のためのうた》は、一二の曲からなる。一一曲はさまざまな機会に書かれ、たとえば「ソングブック」といったＣＤアルバムでいろいろなアーティストによって演奏・録音されている。最後におかれているのは、日本古謡の〈さくら〉で、これだけは、作曲者の手によるものではない。一二というひとつのまとまりをみることはできるし、しめくくりとして、もはや誰がつくったのかもわからない、文字どおりの匿名の楽曲で、そうしたまとまりが、武満徹の匿名性への志向とかさなっていたのか、コンサート・ピースとしてのひらきにあるのか――いろいろな見方がひらかれる。

☆

武満徹が計画していた「オペラ」は、はじめ大江健三郎の小説をもとに谷川俊太郎がリブレットを書くというものだった。これはながれてしまう。つづいて、ダニエル・シュミットと制作しようというとき、バリー・ギフォードに白羽の矢がたった。できあがったテクスト『マドルガーダ』は英語で、こちらは作曲家の死によって可能性が失われ、野平一郎の作品となった。

4

メディア

武満徹を追う資料

武満徹は、あるとき、自作の数は少ない、と言っていた。近藤譲との対談のなかだっただろうか。それがどうだ、「全集」が編まれてみたら、あるわあるわ、ふつうでは「作曲者」の名さえつけられなかったり、あっても気づかれなかったりするようなものまで含めると、こんなにも多く、しかも多彩に、ある。

『武満徹全集　第五巻』（小学館）はヴァラエティに富んでいる。武満徹の晩年、石川セリが歌ってヒットしたソングブックが、異なったアレンジ、異なった演奏家で加えられ（石川セリのみならず、ＥＰＯや小室等のうたに、ＡＹＵＯのアレンジ／演奏があり）、未発表の習作、タイトルだけは知られていても、音にされたことがほとんどなかったり、されていても耳にしたことがなかったりというテープ作品、芝居やラジオ・ドラマ、テレビ・ドキュメンタリーの音楽も収められる。テレビから耳に届いていたものの、これが武満徹の手によるものかと気づかされたものもある。残念ながら収録されなかった曲もあって、ＣＭ曲——サントリーリザーブの、とか――、バーンスタインの誕生日を祝う小品、別役実のラジオ・ドラマ『地下鉄のアリス』の音楽、などなどとありはしても、聞ける聞けないはともかく、へぇ、こんなこともやっていたんだと驚きをあらたにするものばかり。

よくこれだけ音源を集めたとおもう。ほとんど執念なんじゃないか。ただ、もしこの時点でやっておかなかったら、集められるものも集まらなかったかもしれない。

忘れてならないのは、「全集」が音のみにとどまっていないことだ。分厚い資料は、資料であるばかりではない。新潮社からは既存の単行本や単行本未収録の文章を集めた「著作集」が出版されてはいる。ここでは、作品についてのデータ、作曲者の発言、初演者のことば、批評の断片など、武満徹じしんのみならず、周囲で発されたことばもあわせて、ポリフォニックに構成されている。さらには、谷川俊太郎の連続対談、浅香夫人へのインタヴュー、各巻用に書き下ろされた論考、多くの友人・知人によるエッセイ、年譜、みたことのない数々の写真も。

詳しい年譜が作成され、音資料も充実した「いま」――二〇〇四年――、これまで書いてきた、書かれてきた武満徹論も、場合によって、修正を余儀なくされるかもしれない(と書いて、じぶんはどうか、とも考える。ありがたいことにあまり影響はなさそうだ……)。

ひとの一生は短いといいながら、ひと言で括れるほど短くはないのだと、何でもいい、誰のでもいい、「全集」をみるにつけ、おもう。活動期間が半世紀に満たない作家であっても、全集となると、「作品」だけでかなりの冊数になるし、日記や手紙、メモや対談を加えると膨大だ。こぼれ落ちているものだって少なくはない。ひとが一生にできることは少なくはない。他者にとっては容易に包括できるものではなく、ひとひとりがやったことを真にたどるためには、おなじだけの時間、いや、それ以上の時間と才知がなければならないと気づかされる。「全集」とかんたんに言う。どんなひとでも一生は一生だ。「私たちの一生は二つの無限の闇の境を走っている一条の光線にすぎない」(ウラジーミル・ナボコフ『ナボコフ自伝』、大津栄一郎訳、晶文社)。『武満徹全集』を前にして、音楽についてのみならず、おもうことはかぎりない。

☆

ひとはいろいろな顔を持っている。そのときどきの場所でも、接している相手によっても違う。おなじ人格だから、「おなじ」ところ、共通するところもある。複数の「おなじ」や「ちがい」のグラデーションがひとりの人物をつくっている。

『谷川俊太郎が聞く　武満徹の素顔』(小学館)は、武満徹と生前何らかの接点を持ったひとを中心に、もっとも身近にいた詩人が話を聴くというもの。対話者は八名。うち五名は

『武満徹全集』に登場していたが、新たに三人を加えている。念のため記しておくと、前五者が小澤征爾、高橋悠治、坂本龍一、湯浅譲二、河毛俊作、後三者が恩地日出夫、宇佐見圭司、武満眞樹。

おなじ音楽家でも、指揮者と演奏家、作曲家ではそれぞれに距離が異なる。敬意を抱きつつも「武満教」まではいかない小澤。つきあいが時期によってピアニストとしてだったり、映画音楽を手伝うようなところだったり、あるいは断ってしまったりというような高橋。同世代で、若いうちから互いに知っていて刺激しあった湯浅。すでにエスタブリッシュされた作曲家に対し、アンビヴァレントに振る舞い、世界的なポピュラー・フィールドから新たな見え方を提示する坂本。音楽家としてではなく、別の仕事の、プライヴェートのつきあいとして登場するのは、子どもの頃から可愛がってくれたと語る演出家の河毛、映画の現場で一緒に仕事をした恩地、レコード・ジャケットや本の装幀を手掛けた宇佐見、実娘の眞樹である。おなじ人物を中心にしながら、そこから複数の楕円がつくられ、重なったりずれたりして、「武満像」を浮かびあがらせる。

音楽ではない、視覚芸術の、絵画という平面にこだわる宇佐見圭司の語りが刺激的だ。ここにはジャンルが違ってこそ見えてくる創作についての秘密といったものがほの見える。

作曲家生前に「文學界」から没後にかけ六年間連載されたノンフィクションがまとめられ、単行本となった（立花隆『武満徹・音楽創造への旅』文藝春秋）。連載後じつに一八年。このままお蔵入りしてしまうかもしれないとの危惧は、武満徹没後二〇年にして晴れた。

伝記でも評伝でもない。作曲家自身の語りが中心である。武満徹のインタヴューでこれだけの分量のものはない。しかも立花隆は語られたことのみを文字にするのではなく、同時代人からの証言で裏をとる。少なからぬ人たちがすでに故人なのも、いまとなっては感慨深い。年譜や自らの文章で知られているエピソードについても確認をとる。ときにはえげつないほどに。ここが立花隆の面目でもあるしおもしろさでもある。

音楽を始める、音楽というものを手探りし、ひとつのかたちへとつくりあげる、その意味での「音楽創造への旅」。重心は「世界のタケミツ」になる、つまり《ノヴェンバー・ステップス》あたりまでの生と思考、前半生にある。最後の四分の一ほどは断片的なエピソードがつらねられ、時系列的な語りを補う。

☆

インタヴュー時点は晩年であり、没後に手が加えられているので、ところどころに回想がはいってくるものの、一九八〇―九〇年代が後景になっている、あまり深く掘りさげられていないのが、個人的には残念なところ。作家・芸術家の創造をといったとき、その決定的なところまでの記述が多くなるのは当然である。だが、その後で、どう継続していったのか、どう持続したのかもまた大切なのではないか。惰性にならず、創造をつづけてゆく姿勢をこそみたい。これは個人的なおもいだが。

いずれにしろ、武満徹をめぐる貴重なドキュメントであり、同時に、第二次世界大戦後のこの列島におけることどもをひとりの男性を中心にしながら概観したノンフィクションだ。

☆

二〇一六年、武満徹の没後二〇年として東京オペラシティ・コンサートホール、その名もタケミツ・メモリアルでおこなわれたコンサート（一〇月一三日）の録音がリリースされた。演奏はオリヴァー・ナッセン指揮による東京フィルハーモニー交響楽団。

没後一〇年、二〇〇六年におこなわれたコンサートは、三つの協奏的作品――《アステリズム》《ジティマルヤ》《ジェモー》――による『武満徹の宇宙』としてCDリリースされたが、今回はまた趣きが異なる。協奏的作品あり、オーケストラ単独あり、声を含む作品ありで、しかも一九六〇年代の四作品と一九九〇年代の作品との組みあわせ、ひびきの面で共通するもの、変化しているもの、変化していながらも、引き継がれているもの、を聴きとることができる。

弦楽のみの《地平線のドーリア》は、一九六〇年代の武満徹の作品がしばしばそうであるように、ステージ上での配置に特徴がある。前の方と後ろの方とで分け、ひびいた音が、べつのところでエコーとなってのこり、メロディ（のようなもの）を浮きあがらせる。中間部は映画『砂の女』（の音楽）とかさなるところがあって、映画の記憶があると、音・音楽だけとは異なった視覚的なイメージを抱かされる。

『武満徹の宇宙』で《アステリズム》を弾いた高橋悠治が、ここは《テクスチュアズ》で、また《夢の引用》で登場。前者はピーター・ゼルキンが予定されていたが、都合により変更となった。ソロとして前面に大きくでるというよりは、部分的に、むしろ「オーケストラのなか」の存在として扱われ、それでいながら、短い存在感をピアノによってこそ現前化するこの作品は、プログラム後半の《夢の引用》と大きくコントラストをなす。

《グリーン》ははじめ《ノヴェンバー・ステップス第2番》と仮に呼ばれていた作品で、《ノヴェンバー・ステップス》のストイシズムとは異なった、むしろ後年の武満作品で大きな位置を占めるようになってくるエロティシズムが、短いなか、満ちている。

《環礁》はソプラノのクレア・ブースの歌唱を伴う。日本語の詩によりながら、ことばの音と意味とつながり／切断に意識的であるがゆえに、ユニヴァーサルに演奏しうる可能性を持ちうることを示した。そしてこの作曲家において、日本語そのものにがっちりと四つに組んだ作品が――合唱曲ではなく――ないことをあらためて痛切に感じさせられる。

二台のピアノとオーケストラのための《夢の引用―― Say sea, take me!》は、一九九一年の作品で、ピアノは高橋悠治とジュリア・スー。ドビュッシー《海》の引用がさまざまなかたちでなされ、それは先のドビュッシーを想起させる《グリーン》とひびきあいつつ、また遠くにベリオ《シンフォニア》ともつながってもいよう。「海 sea」という語が武満徹の作品で何度も音名として、またエッセイや墓碑銘として用いられたことを想いだすこともできるし、「汎トーナル」といったかたちでの音楽の志向や、副題としてとられているジェイムズ・ジョイスへの親近感を重ねることもできる。そうしてみると、「地平線」や「環礁」「グリーン」「海 sea」といった自然のテーマ系は、武満徹の全作品、いや、それだけでなく、このコンサート／CDにおけるものとして、おのずと浮かびあがってくる。ついでにいえば、武満徹における唯一の映画随想が『夢の引用』（岩波書店）であったことも――。

没後二〇年ともなると、生きていた作曲家との距離もとれるようになったり、新たにみえてくるものもでてくる。生前の肉声を生きている立花隆『武満徹・音楽創造への旅』（文藝春秋）がでて、地道に跡づけをおこなった小野光子『武満徹　ある作曲家の肖像』（音楽之友社）も刊行された。若い人にむけたシリーズのひとつ「ちくま評伝シリーズ〈ポルトレ〉」

の一冊として『武満徹　現代音楽で世界をリードした作曲家』（筑摩書房）や、ヴィジュアルを多くつかった「日本の音楽家を知るシリーズ」の『武満徹』（ヤマハ・ミュージック・メディア）もでた。

コンサート／CDに戻るなら、一九五二年生まれのナッセンは、生前の作曲家とも親しく、このホールでも何度かタクトをふっている。一九三八年生まれの高橋悠治も同様に。作曲家と交流があり、スコアに書ききれていないところをも作曲家の肉声をとおして知っていた演奏家も、少なくなってゆく。演奏家も、あるいは作曲家について執筆する者も、次第に世代交代していることを、このアルバムをとおして感じとることも可能か。

☆

没後二〇年、二〇一六年、「決定版伝記」と帯に推された小野光子による大著『武満徹　ある作曲家の肖像』（音楽之友社）が刊行された。

立花隆の問いと確認、註釈が作曲家自身のことばを縁どる『武満徹・音楽創造への旅』に対し、『武満徹　ある作曲家の肖像』は作曲家とつながりのある多くの人たちのことばにあたりながら、作曲家が著者にむけたことばを欠いている点で対照されうる。この対照のゆえに、武満徹についてこれから知りたいとのおもいを抱く人に、二著はともに重要なものとなる。『武満徹　ある作曲家の肖像』は、生前の作曲家につながりのあった人たちの可能なかぎりの肉声が生かされ、丹念に資料を調べて織りあげられているという意味において現時点での「決定版伝記」と保証されよう。

武満徹は芸術音楽の分野で世界的な成功を収めながら、映画の音楽や小さなソングをとおして広く知られた稀有な作曲家だった。文筆の才にも恵まれ、ことばをとおして、人びとに知られた。この列島において西洋由来の芸術音楽をなぜ自分が試みるのか。この問いはいまだにひびきつづけるものとしてある。

みずからの音楽観を語る術に長け、音楽作品を発想するうえでことばが、タイトルが大きな位置を占めると語った。この作曲家にアプローチしようとするとき、否応なしに作曲家みずからが発し、語られたことばによってとらえかえされ、語られてしまうことが多かった。それは音楽そのものへむかうことへの阻害ともなりえた。

『武満徹　ある作曲家の肖像』が伝記でありうるのは、こうした作曲家とことばからある意味ではなれた、距離をとったところでなされているからだ。著者も作曲家のことばを引きはする。だがそれが音楽作品の、音楽のかわりになるわけではない。つながりのあった人たちの証言によって流布しているエピソードを確証する。「武満徹」の姿はより「真実」のものに近づいてゆく。

この本を手にとり、文字に視線をおとし読みすすんでゆくと、武満徹の音楽を聴いたことがなくても、一切参照せずとも、二〇世紀後半にアジアの列島において西洋音楽の作曲家として活躍した「ある作曲家の肖像」として読むことができる。ひるがえっていえば、これは音楽家について伝記を書くこと、生涯と作品とのつながりを結びつけることの困難の明示でもある。正確を期せば期すほど音楽からは遠ざかってゆく。本書の読みやすさからつぎつぎとページを繰ってゆくさなか、わざと文字から眼をはなしてみたとき、こうしたおもいが襲ってくるのはわたし個人の資質のせいなのか、どうか。

伝記という語には「伝」が含まれているのだから、他者に伝えるという意味とともに、著者に伝わったという意味を読むこともできる。著者ははじめのところで、その声なしではありえなかった特権的なインフォーマントに「さん」づけしたことを、また、「さん」なしでは筆がすすまなくなったことを記している。良くも悪くも、その意味では対象の引力圏から著者は脱しきっていないのだろう。より中立的な、距離をとった伝記が書かれるまではまだしばらく時間が必要なのかもしれない。現時点での決定版伝記、と記したゆえんだ。

武満徹と「MUSIC TODAY」

「MUSIC TODAY」は伝説的にひびく。固有名詞ではないはずなのに、あのコンサート・シリーズ、あの「MUSIC TODAY」というふうに。二〇年ものあいだ、その名はごくあたりまえのようにしてあった。現代の音楽、ではない。あくまで「今日の音楽」。

渋谷に現パルコ劇場となる「西武劇場」ができたのは一九七三年五月。オープニング・イヴェントとしておこなわれたのが、武満徹監修による『MUSIC TODAY 今日の音楽』で、『MUSIC TODAY 今日の音楽』に遡ること三年、一九七〇年の大阪万国博覧会において、この作曲家が鉄鋼館の音楽監督を手掛けたことによる。「国民的」祝祭行事でおこなわれた、世界的なシリアス・ミュージックの状況を提示する試みを、東京に移し継続するのが、このコンサート・シリーズとなった。

「人類の進歩と調和」を標語とする大阪万国博。つづく一九七〇年代とバブルの八〇年代。ふりかえってみれば、産業も経済も政治も、もちろん諸芸術も、未来は、すくなくとも、標語を懐疑するほどの状況ではなかった――なかったはずだ。

明治以降、西をむいて芸術音楽の動向に関心を持つのがあたりまえであり、そのなかで島国の音楽文化と、西洋の音楽とをどうとらえていくのか、は作曲家にとって重要な課題だった。明治から大正、昭和と来て、第二次世界大戦から終戦。アメリカ文化が、ヨーロッパ文化を押しのけるようにしてやってくる。戦後に二〇代だった若者たちは、新しい動向につよく関心を示し、みずからの試みをかたちにしていった。「追いつき追い越せ」だったところから、大阪万国博覧会は、世界のそれぞれのモノやコトをフラットにみる機会ともなっただろう。こんな一九七〇年代から一九八〇年代のバブルを経たあと、一九九〇年代、音楽は急速に自閉にむかう。大きな新しい潮流、スタイルがあるわけではなく、とはいえまったく個々の作曲家によるものだけが乱立しているのでもなく、といった傾向がおそらく二一世紀までも継続することになる。

西武劇場がオープンした翌月、おなじ渋谷、公園通りを上がりきったところにはNHKホールも誕生している。収容人数が多く、巨大なパイプオルガンを備え、多目的に使用できる鳴り物入りのホールである。もうひとつ、武満徹が当時渋谷に居をかまえていたこともつけ加えておこう。渋谷公会堂にほどちかいマンションには、武満徹とともに、一柳慧、湯浅譲二も住んでおり、家族ぐるみでつきあいもあった。作曲という個人的な、密室で作業をす

るときは違っていただろうが、他の人たちとのつながりのなかで、コンサートをつくってい
くようなしごとでは、こうした住居としごとをする場との近接性は、かなり便利なものだっ
たにちがいない。
武満徹は一九三〇年の生まれなので、渋谷で『MUSIC TODAY 今日の音楽』のシリーズを開催する時期、四〇代半ばにはいるかはいらないかだった。《ノヴェンバー・ステップス》のニューヨーク初演が一九六七年。コンサートで演奏される「作品」のみならず、映画音楽も年に数本は手掛けていた時期で、文字どおり、脂がのっていた。先にもふれたように、列島の経済も上り調子。みずからが作品をつくるだけではなく、世界の状況をみわたし、どういうことが起こっているのか、何が音楽的思考＝志向に賭けられているのかを考えるのも、この作曲家のスタンスだった。定期的におこなわれるコンサート・シリーズは、内外との音楽家と、ホールやマネージメントと、聴衆と、コミュニケーションしあう絶好の場だった。
一九七二年一一月には作曲家のグループ「トランソニック」が生まれている。メンバーは、高橋悠治——なかでは最年少だった——、武満徹、ほか五名。翌七三年四月にはシンポジウム「音楽の新しい方向」が開催されている。高橋悠治は「トランソニックの活動方針」と題して、こんなふうに書いている——「社会の中で、作曲家の参加と発言が要請されるべき問題に積極的に対応し、作曲家の活動領域を閉鎖的な音楽界の外部へと拡大していく。」翌月

末には、先に記したように、西武劇場がオープン、『MUSIC TODAY 今日の音楽』の開幕を考えあわせるなら、武満徹にとってこの時期は、「現代音楽」の閉域からどう抜けでていくのか、閉域そのものをどう開いてゆくのかがひとつの課題であり、諸々の活動のつながりともなっていたということが、浮かびあがってくる。この年の末、一二月には「トランソニック」誌が創刊されるが、特集となっているのは、ほかならぬ劇場空間についてであった。

第一回目の『MUSIC TODAY 今日の音楽』は、ピアノのピーター・ゼルキン、ヴォイス・パフォーマーのキャシー・バーベリアンを招き、ピアノ・ソロ、ピアノ・デュオ、ヴォイス・ソロ、日本の古典音楽、そして通常コンサートの枠として想定される二時間前後を大幅に越える「マラソン・コンサート」で成りたっていた。日本古典音楽の場合はいざ知らず、マラソン・コンサート以外のプログラムに選ばれた楽曲が比較的穏健なのは、第一回ということもあったろうか。

音楽はつねにその時代の思想感情と深く関わりをもっている。MUSIC TODAY は時代に向って開かれた音楽の窓であり、閉塞している現代の音楽の状況に新鮮な空気を送るだろう。

6月――しぶやに／劇場のあるPARCOが／誕生します

この二つの文章が第一回目のちらしには刷られている。読んで字のごとし。他のことではない、すくなくとも「現代の音楽の状況」は閉塞しているという意識がここにはある。万博が大きい標語として掲げていたことと、この状況とはつながっているのか否か。いや、もしかすると大きな標語の下に見えなくなっていたもの、燻《くすぶ》っていたものが、あらわれてきたような。

つづく西武劇場の公演第二弾は、安部公房の『愛の眼鏡は色ガラス』。ちょうど『MUSIC TOAY 今日の音楽』の一週間後にうたれ、こちらでも武満徹は音楽を担当した。すこし想像してみよう。コンサートの企画・制作があり、つづいて芝居の音楽のしごとがある。他にも作曲や「トランソニック」の活動などがある。それなりにハードであり、近接した渋谷に拠点でも持たないかぎり、やっていくことはなかなかに困難だったのではないか。

第二回目からは同時代的な作品の率が高くなってくる。一晩は日本音楽が特集される日が含まれているのは変わらない。そして、この第二回は、協力として高橋悠治、当時国立劇場に在籍した木戸敏郎。第三回は、高橋悠治と林光。以後、第九回までは協力として木戸敏郎、秋山邦晴、山口昌男の名があったりなかったりするものの、第一〇回から後は、武満徹の企画・構成でつづいてゆく。

企画・構成、とある役割。

実際にはスタッフが動いていたにしても、ひとつのコンサートを計画するのは容易でない。オペラやオーケストラのような規模の大きさとは違うかもしれないし、新作の舞台をつくるわけではない。とはいえ、一晩の大枠を決めた後で、ひとつひとつの作品をどうならべるかを、どんな演奏家に出演を依頼するかとともに考えるのは、また異なった気遣いと労力が必要だ。いま、あらためて『MUSIC TODAY 今日の音楽』のプログラムをながめてみると、中心には同時代の作品を据えながら、日本で長い時間をかけて受け継がれてきたもの、映像のかかわるもの、パフォーマティヴなもの、少しばかりマージナルなもの、ジャンル横断的なものがあり、さらに作曲家の個展というシリーズや、作曲賞もある。二一世紀現在――これを書いているのはまだ新しい世紀になって数年だ――、列島各地でさまざまな音楽フェスティヴァルがおこなわれているが、そうしたところの企画の核とでも呼ぶべきものは、渋谷の西武劇場ですでに出尽くしてしまったかのようにさえみえる。多くのものは『MUSIC TODAY 今日の音楽』にあったものを生かしながら発展させる、あるいは、このシリーズがなかったかのごとくふるまったり、後退させたりして成りたっているといったら言い過ぎか。

音楽専用ホールではない西武劇場に、「劇場」に、音楽を持ちこんだことも忘れてはならないだろう。草月ホールや、後には西武美術館、あるいはさらに『MUSIC TODAY 今日の音楽』が移ることになる銀座、セゾン劇場も音楽専用ではなかったのだが、それゆえに音響の良し悪しとはべつの、風とおしの良さを武満徹は感じていたのではないか。作曲家が世を去った後に完成した「東京オペラシティ・タケミツ・メモリアル」のようなひびきのホールとはべつのものとして。

☆

現在書かれ、また書きつづけられている音楽を演奏するコンサートが、二一世紀初頭の「いま」でもシリーズとしておこなわれているかどうかといえば、それはない、とはいえないし、いえまい。ただ、『MUSIC TODAY 今日の音楽』のような緊密感、この列島で培われた古典や、ときにはポピュラー音楽とのぎりぎりの「境界」にあるようなものまで包含しえているかといえば、どうなのか。そして、そうしたコンサートの有無以上に、企画・監修者としての武満徹が現場においてひとつひとつのコンサートそのものを楽しみにし、楽しんでいたというのは重要なことだとおもう。じぶんが聴きたいんだと武満徹は発言していた。この閉じてしまわない好奇心が、『MUSIC TODAY 今日の音楽』には生きていた。プロフェッショナルな作曲家としての世界の音楽状況についての知見は当然持っていただろう。だが、それをこの列島で演奏する場、多くの人に聴いてもらう場をつくることにこそ、武満徹にとっては意味があったのだ。みずからが知っているからもういいや、ではなく。そこに武満徹という、作曲家であるとともに、みごとに一般人のひとりとしてのバランス感覚があった。

武満徹という、文字どおりマルチな、それでいて特別ではなく、ふつうの生活者としての感覚からマルチであるような人物が想定する同時代に書かれ、また生きている音楽のフェスティヴァル。それが『MUSIC TODAY 今日の音楽』であり、それは武満徹亡きいま、容易に代替しえぬ記憶として、記録として、残りつづける。

武満徹の未完「オペラ」

晩年の武満徹は「オペラ」を書くこと、書きあげることを目指していた。ことに、癌の手術をうけ、いったんは快方にむかったときには、ほかのしごとは棚上げにしても、オペラのしごとに集中したいとしばしば語っていた、という。具体的には、フランスのリヨン歌劇場からの委嘱があり、初演は一九九八年とのスケジュールもたてられていた。

武満徹は、リヨン歌劇場での新作が具体化する以前より「オペラ」への関心を抱いていた。はっきりとしたかたちであらわれるのは、大江健三郎との対談が本にまとめられた『オペラをつくる』（岩波新書）で知ることができる。

すでに世界的名声を獲得していた作家と作曲家の対談、しかも、およそ西洋的な「オペラ」といったものとは無縁であるかにおもわれていた武満徹が、そうしたジャンルに目をむけはじめたことへの驚きが、すくなからぬ読者にはあったようにおもう。作曲家が、新作オペラ公演の会場のみならず、ミラノ・スカラ座やヴィーン歌劇場の来日公演の会場に姿をあらわすところなど、目にしたひとがいただろうか。想像することができただろうか。

☆

武満徹は、しかし、「オペラ」を西洋で生まれたものではあるが、もっとグローバルなものとしてとらえていた。語源に遡って、「オペラ」が「作品」の複数形であり、そこでは小説、詩、美術、映画、すべての演奏が綜合される、そうした「場」と考えていた。若いときから、他ジャンルのアーティストと深く交友し、演劇や映画のしごとに携わり、また、共同の作業をとおしてパーソナルな表現をみいだしてゆく可能性を、「オペラ」にみいだしたのだと考えられる。

アルバン・ベルクの《ヴォツェック》(一九二五年)、《ルル》(一九三七年・未完)をもって二〇世紀のオペラは終わりを告げたと某作曲家・指揮者に宣言された「現代音楽」界ではあったけれど、その後も作品は多数つくられつづけ、しかも旧来のオペラとは異なったものもあらわれ、「オペラ」の概念が急速に変化した一九七〇―一九八〇年代的状況もあった。世界的に、以前はそうしたものに見向きもしなかった作曲家たちがあらたなジャンルとしてこの「綜合芸術」に興味を持ちはじめたという現実もある。

武満徹は、大江健三郎と対談するなか、みずからのオペラ観を具体的にしていったのかもしれない。こんなことばのなかに、新しい計画への意気ごみがうかがえる。

オペラみたいな大きな空間を使ってやるとき、観客の一人一人がいろいろなモンタージュができるような余地を残して、それで最後にひとつの主題というか、それは言葉ではあらわせないかもしれないが、本当にテーマが見えてくるようなオペラ。そういうふうにオペラを考えています。

「対談」と並行して、大江健三郎が書いた一種のSF小説『治療塔』をもとに、オペラのリブレット（台本）となるべく「戯曲版」が作家によってつくられもした。だが、残念ながら、このテクストは作曲家の「めがねには、かなわな」かったのである。そして、あらたなテクストが、リヨン歌劇場と演出を担当する予定だったダニエル・シュミット――映画『ヘカテ』『ラ・パロマ』の監督の紹介で、アメリカの詩人、バリー・ギフォード（一九四六―）に託される。ギフォードは、デヴィッド・リンチ監督の『ワイルド・アット・ハート』の脚本を手掛けたことでも知られる人物だ。

何度かミーティングと改稿を経て出来上がったリブレットは、『マドルガーダ(Madrugada)』と題されていた。スペイン語で「夜明け前」の意味となるが、夜明けといってしまうには微妙なニュアンスの時間帯をさすのだという。

武満徹は、しかし、このリブレットのことばには、結局、ただひとつの音符をもつけることがなかった。病魔が時間を与えなかったのである。武満徹の「オペラ」はこうして未完のまま、内容を知るものはほとんどいない。

ギフォードの英語のリブレットはずっと武満徹の軽井沢の山荘の机上におかれていた。

武満徹とミュージック・コンクレート

武満徹は、一〇代の終わり、通常の楽器を用いる音楽と現実音とをおなじ時間のなかに配することを発想する。

ぼくは、一九四八年のある日、混雑した地下鉄の狭い車内で、調律された楽音のなかに騒音をもちこむことを着想した。もう少し正確に書くと、作曲するということは、われわれをとりまく世界を貫いている《音の河》に、いかに意味づける《シニフィエ》か、ということだと気づいた。（「ぼくの方法」）

この文章は、武満徹の『音、沈黙と測りあえるほどに』（新潮社）のなか、瀧口修造、大江健三郎の序文につづく、エッセイの三番目に収録された「ぼくの方法」と題された文章の一部。初出は一九六〇年と記される。ほぼおなじ題を持つ「私の方法　ミュージック・コンクレートに就いて」が単行本未収録として『著作集第五巻』（新潮社）にあり、『美術手帖』一九五六年一月号に掲載とある。内容的にも重なるところがあるものの、こちらには地下鉄でのエピソードはない。文章は、より直截で、若さゆえの性急さ、激しさ、社会への反発といったものが見え隠れする。副題としてミュージック・コンクレートが名指されている点も、「ぼくの方法」における、より広範な「ぼくの」音楽についての意識と対比できる。

若し、私が、一つの整った形式を識っていたとしても、私はそれに達する勇気を有たない。それらは、もはや、植木職人の角刈頭といったように、私の仕事の本質に、何の関りをも有たないからだ。壮大な交響曲も、私にとっては、人が立ち去る扉の音ほどに、苦しい音を感じさせないのだ。（「私の方法　ミュージック・コンクレートに就いて」）

このあと、「芸術以前といわれる状態」にまで音楽を立ち戻らせ、歴史のなかでいつしか積み重ねられてきた意味とか機能といったものを「断ち切」らねばならない、そこから離れなければならない、と記され、「音それ自体のエネルギーをとり戻す」ことを期待する。そうして、通常の楽器が発する音とは異なった現実音の魅力が語られる。

私は、調律された楽器の音色《ねいろ》によりも、渇いた、砂礫のように軋み合う、デュビュッフェの苦しい音に魅かれてしまう。不確かなルールに慣らされた楽音は、不確かなルールの故か、消耗しきっている。楽音は、もはや生きていない。原生動物のような、生々しさと純粋なエネルギーを失ってしまった。（「私の方法　ミュージック・コンクレートに就いて」）

つづいてテープで作業をおこなうことへと進む。「私の音楽的素材」「私の音楽的感情《サンチマン》」とはあっても、「音楽」という語が周到に避けられた後、テープの作業について、「私は、現実より遥か遠くにいる。私は、現実を遠ざける。私は、現実との沸騰的な交渉の後に、非現実に身を置く」と記され、ようやく、「そして、私は、唯一つの証し方をする。その時、私の音楽がもつものは生命《いのち》であり、私の音楽は、より効果的に現実の隠れた源泉に近附いてゆく」で音楽が登場。明瞭にみることができるのは、「音楽的素材」はあくまで素材にすぎず、作曲家みずからが何らかの感情を抱いており、それが音楽的感情であったとしても、それはまだ未生のものであり音楽ではないとの客観的自覚である。

先に引用した、地下鉄で発想された新しい音楽をめぐる文章は、ピエール・シェフェルが「発明」したミュージック・コンクレートを知ったこと、みずからの発想との「偶然の一致」

について記された後、しめくくられる。

武満徹は、すくなくない著作のなか、ヨーロッパ音楽と日本の音楽、あるいはバリ島の音楽などについて、多くの文章を書いている。文化的な視点とともに、「現在」に生き、新しい作品を発表する作曲家としてのグローバルな視点、個人的な実感も織りこまれて。ヨーロッパの芸術音楽や、伝統的な日本の音楽、ポピュラー音楽その他へのふかい洞察は、これまでにも多く引用され註釈されたし、文化論として一般に読まれてもきた。そうしたなか、一九五九年に発表された「私の現実」は、その後に展開される比較文化論的な問題の早い時期でのまとまったエッセイといえる。注目すべきは、東と西、伝統と革新、さらには表現行為といったものにふれながら、当時の創作の状況を参照しながら、終わりのほうで、ヨーロッパ音楽における「音」に対する意識を問題にする点だ。

ヨーロッパ音楽の長い歴史の中で、いつか、われわれは、便宜的な機能の枠の中でだけ〈音〉を捉えようとしてしまった。だが、物理学的な法則によって連結され得るものだけが〈音〉ではない。作曲家にとって、〈音〉のひとつは心の動きの用語であり、説明を越えた影像の小片であり、その複雑な容貌のひとつを写し出すものである。(「私の現実」)

その先に「音楽」の使命の危機が指摘され、エネルギーの回復が目指される。

僕の仕事は、〈音〉に、曖昧な機能の中で失われてしまったエネルギーを回復することと、それが出発であり、究極だ。たしかに、音楽は、数理的な秩序の上に成立つものだ。しかし、いつでも僕らが避けなければいけないのは、態度《アティテュード》と常套《プラティテュード》にしてしまうことだ。われわれは、新しい音の秩序を発見しなければならない。

僕らが、そうした自覚をもつことで、凡ゆる音楽的素材は、新しい意味と可能性を帯びてくる。また、未発掘の豊富な音楽始原は生命的なものになって来る。（「私の現実」）

短からぬ文章の終わりには、ほとんど結論めいたかたちで、ミュージック・コンクレートが提示される。

Musique Concrète は、認識の最高の方法として僕の前に在る。僕は、この方法から作品を創ると云うより、集中的な精神の運動をしようと試みる。Musique Concrète は、非常に表現的な方法だと思うが、僕自身は、行動という言葉に近い感覚でこれを捉えている。非現実は音響の結合の仕方——触発的な、偶発的な——で、思いがけない風景を再構成《リ・コンストラクト》する。そして、僕の精神が集中される時、僕は突然、現実のもっとも豊かな源に触れることができる。僕は、この方法によって非合理的な魂を培おうと思っている。そして、そこから僕の表現が生まれて来る。(「私の現実」)

「行動という言葉に近い感覚」とあるのは、もしかすると、当時よく読まれていたサルトルの思想の圏域にあるだろうか。それはともかく、では、このミュージック・コンクレートは、武満徹にとって、具体的にどのような作品化がなされ、また発展を遂げるのか。それをみる前に、フランスにおけるミュージック・コンクレートの発生と変化を追っておくことにしたい。

☆

ピエール・シェフェルは、『ミュージック・コンクレートへの序章』の一九四八年四月四日のメモに、以下のように書きつけている。

突然のひらめき。ひとつの音の要素を雑音につなげること (Joindre un élément de son au bruit)。打楽器の要素を旋律的な要素に結びつけるような。異なった長さに切った木片や、さまざまに調律されたチューブといった観念から。はじめての試み。

ミュージック・コンクレートは、ジャン＝イヴ・ボスュールが簡明に指摘するように、一九四八年、ピエール・シェフェルが「ＲＴＦミュージック・コンクレート・グループ」を設立したときに始まったとされる。具体音・現実音を素材として磁気テープに定着、それをさまざまに加工する。すなわち、テープの回転速度を変え、逆向きに回転させ、切り貼りをするというのが、もっともプリミティヴな手法としてある。

こうした指摘をみてもわかるとおり、ミュージック・コンクレートは、もともとラジオ放送のスタジオにおいて、音声や音響を扱うエンジニアたちと協働しているなかでみいだされた。電子音楽が、やはり第二世界大戦後のドイツで発想されたのと同様に、放送局であり、また、そうしたヨーロッパでの動向を知らなかった、知り得なかった武満徹がこれまたおなじく放送局でしごとをするなかで気づいたこととは、テクノロジーの同時代性という意味で、しっかり共鳴しあっている。つまりは、ミュージック・コンクレートにしろ電子音楽にしろ、たんに音楽家――ここでは作曲家だが――の脳内でイメージされるだけではなく、最先端の電気・電子的テクノロジーが試行されている場と結びついたかたちで生まれた、といえるわけだ。

ミュージック・コンクレートを創始したひとりとしてのピエール・シェフェルは、映画に注目していたこともつけ加えておくのも無駄ではあるまい。映画における映像＝イマージュのつよさについて、「眼差しの閃光」や「表情の戯れ」についてことばと対照してもいる。文章のなかでは、つづいて詩人が召喚されるだろう。印刷されているものとはまるで違ったように作品をきかせてくれるし、顕示してくれるのだ、と。「静寂が語る。もっとも小さな物音、しわくちゃになった紙片、扉のばたんという音、わたしたちの耳ははじめてきいたかのようだ。そう、モノたちはいまことばを持っている。それをあらわす語たちの類似するところまで。耳のための言語であるイマージュ、耳のためのそれであるところの物音」。

ここでいわれていることをもっと現実に引き戻して考えてみる。すると、何かの音、モノがたてる音、モノが何らかの時間的な経過のなかで変化をおこす音が想定されていることが容易にわかる。つまりモノと結びついた音——日本語では「物音」——であり、電子音楽における、ひとが生きている世界では自然に、自然界に存在することがない音とは異なる。あくまで身近で、レフェランを持っている音にほかならない。ある意味、つねに音から現実のモノへと遡行することが可能であり、モノの不在を音が喚起する、といえようか。

先に引いたボスュールの説明にいま一度戻ってみる。

ボスュールは、いわゆる従来における書法や伝統的になされるソルフェージュを媒介として導かれる「抽象的（abstrait）」方向性に対し、「具体的（concrète）」に音をふれてゆく方向性を、ミュージック・コンクレートの創作にむかう人たちの志向＝思考として指摘する。ミュージック・コンクレートは日本では「具体音楽」と訳された。この語はある程度定着し、現在もときにより用いられはする。だが、ここで用いられている「具体的」とは何か、何を指し示すのか。

シェフェルはといえば、先にもふれた『ミュージック・コンクレートへの序章』で、このように記している。

> 私たちは私たちの音楽を「具体的／concrète」と呼んだが、それはあらかじめ存在する要素、それは音のする素材だったら何でも、つまり、物音であろうと通常の音楽であろうと、とりいれるところから出発する。ふつうの音楽的記譜の助け――所詮不可能ではあるのだが――なしに作曲の意志を実現せんと、〔素材となるあらゆる音を〕じかに構成 construction し、試験的に組みたてられる（composée）。

シェフェルは、これまでの音楽、抽象的な音楽を、構想（心的）→表現（数的）→演奏（楽器による）の三つの相（phase）に分けて考え、抽象から具体へと向かう、とする。対して、「新しい音楽」すなわち「具体的な音楽」は、ほぼ逆の道筋をたどり、諸素材（製造）→素描（試験）→構成／作曲（素材による）を対置し、具体から抽象へと向かう、とする。

こうした対比は間違っていない。従来の音楽のつくり方と新しい音楽たるミュージック・コンクレートのつくり方は、そのプロセスが異なっている。そして、それはあくまでプロセスに重心がおかれすぎている。先にみたように、映画を想定しているとしたなら、生身の身体（そこにあるモノ）と映像としての身体（映像としてのモノ）ということもあるわけで、だとするなら、音楽に接する側、聴取する側にとっての身体や場の問題にもふれなければならないはずだが、シェフェルは一切踏みこもうとはしない。ただ、ここではその点をのみ指摘するにとどめよう。

ボスュールは、シェフェルや、あるいは後の世代にあらためてこの分野に関心を寄せたミシェル・シオンの定義を引いたあとで、辞書的な著作であるがゆえに、否定的なピエール・ブーレーズの見解をあわせて紹介することを忘れない。ここで、「具体」について詳述することは避けるが、ひとつだけ参照しておきたいものがある。ブーレーズは音楽百科事典の執筆項目として、この語の解説をしており、コンクレート／具体的という語が曖昧であったと指摘する。音をモノとして扱うのがミュージック・コンクレートではあるが、このモノは何らの制約もなく無限定で、そこが問題だったと。

音響素材の決定における統制の欠如は、たとえどれほど魅力的であろうとも、作曲家にとっては有害な無政府状態を必然的に生じさせた。音楽の素材は、作曲の役に立つためには、充分順応性に富み、変化を許容し、一種の弁証法を生じさせかつそれを支えることのできるものでなければならない。(『ブーレーズ音楽論　徒弟の覚書』、船山隆・笠羽映子訳、晶文社)

ブーレーズにおける音楽作品を構築する意志については、ヨーロッパの伝統的な思考＝志向としてとらえることができるけれども、同時に、先に引いた武満徹の文章のひとつにも共鳴するところがあるようだ。すなわち、「われわれは、新しい音の秩序を発見しなければならない」の部分で。だが、一見、シェフェルが志向したミュージック・コンクレートのあり方を肯定しながら、ブーレーズの、のちにおこなうであろう批判――武満徹のこの文章は一九五九年であり、ブーレーズの文章は一九六一年である――を先取りしていたとみなすのは早計だろう。たしかに武満徹は具体音・現実音に秩序もみいだすが、それはブーレーズが描いているようにではない。再度確認するなら、「作曲するということは、われわれをとりまく世界を貫いている《音の河》に、いかに意味づける《シニフィエ》か、ということ」と記す武満徹は、構築する、com-positionをおこなうという以上に、もっと受動的であり、「音の河」をそのままにしようとする、「音の河」そのものに介入しようとすることはない。これを日本的であると指摘することは避けておこう、たとえ鴨長明やヘラクレイトスのことばが脳裏をよぎったとしても。ここではただ、シェフェルともブーレーズとも異なった態度が武満徹にあることをみれば足りる。

では、ここで武満徹におけるミュージック・コンクレート、テープのための作品に戻ってみることにしよう。

☆

武満徹は、日本においてはひじょうにはやい時期からミュージック・コンクレートによる作曲を開始したひとりだ。一九五三年にＮＨＫの電子音楽スタジオが開設され、黛敏郎、諸井誠、三善晃、湯浅譲二らが相継いで新作を手掛けていったなかでも、武満徹はかなり早かった。現行でもっとも武満徹作品について詳しい小学館版武満徹全集で、「テープ作品」として分類されているものを、以下、年代順にならべる。

一九五五年　《ルリエル・スタティク》
一九五六年　《ヴォーカリズムＡ・Ｉ》《木・空・鳥》《クラップ・ヴォーカリズム》（以

上ヴォーカリズム三部作）《ユリディスの死》
一九五八年　《空、馬、そして死》
一九六〇年　《クワイエット・デザイン》《水の曲》
一九六四年／六八年　《怪談》
一九七一年　《トゥワード》
一九八四年　《波長《ウエイヴレングス》》「ワーク・イン・プログレス」
一九八六年　《ミネアポリスの庭》《静寂の海》

ほかにも、アコースティックな楽器とテープが一緒になって演奏される作品が、二つのバンドネオンとテープのための《クロストーク》、ハープとテープのための《スタンザ》、その他があり、演劇や映画の音楽におけるテープが楽器とともに用いられている例は数多い。ここでは、特別にこれらについては言及しないけれども、これらは、つねに書き手たるわたしの意識の片隅にはある。その意味は、のちに示されることになるはずだ。急いでつけくわえておかなくてはならないが、ここでいう「テープ作品」とは、一九四〇年代から一九五〇年代にかけてフランスのミュージック・コンクレート、ドイツの電子音楽といった対立が、徐々に磁気テープとして提示されるといった意味で消化＝昇華され、一種の総合的な言い方としてテープ作品、テープ音楽となったことを踏まえている。それは、二〇〇四年現在、ほとんど磁気テープが用いられなくなってMDという新しい媒体にとって代わられた――さらに二〇二一年現在ではこうした外部記憶装置にさえ依存しないようになっているわけだが――後でも、もともとのメディアの名称、呼称として残っている。実際の武満徹作品は、おなじように「テープ作品／音楽」といっても、ほとんどは具体音を変調する「ミュージック・コンクレート」の部類に属する。それは、アコースティック楽器と並行してひびかせられる作品でも、演劇・映画の音楽でも同様であり、発信音をもとにつくられた音がないとはいえないにしろ、「作品」として提示されるものとしては、多くあるわけではない。

先に引いたように、武満徹は作曲をはじめたごく初期から、「ミュージック・コンクレート」的、「テープ音楽」的な思考を抱いていた。しかし、上に示した作品のならびをみてみると、集中しているのは一九五〇年代の半ばから一九六〇年代であり、あとは間があき、むしろ閑散としている。《怪談》は、よく知られているように、もともとが小泉八雲原作による映画の音楽である。《トゥワード》はフランソワ・バシェによる創作打楽器が発する音をもとにしたもので、その素材も武満徹じしんの《四季》の演奏による。その意味では、この作品は楽器のための音楽の延長上にある。そうした作品からかなり時間があいて、一九八〇年代の《波長《ウェイヴレングス》》《ミネアポリスの庭》《静寂の海》は、それだけで独立して聴かれる、鑑賞される作品とはいいにくい。《波長《ウェイヴレングス》》は「ワーク・イン・プログレス」で、完成形とはいえない。ジェイムズ・ジョイスの散文を愛読した作曲家が、「進行中の作品」というかたちで、未完成ながらも提示するという方法がここでは試みられている。一九八四年六月三日、東京、西武劇場では、二人のパーカッショニストと二人のダンサー、山口勝弘の映像・照明とともに初演。音の素材にシンセサイザーは用いられるが、主なものはパーカッションであり波音である。パーカッションは、ステージ上でライヴ演奏されるパーカッションへの複層＝輻輳化ともいえる。《ミネアポリスの庭》の素材はパーカッションとテューバで、これもまた楽器音。アメリカ合衆国のミネアポリスでおこなわれた勅使河原宏による庭園でひびいていたサウンド・インスタレーションである。《静寂の海》は波音やパーカションを素材とし、ジョン・ケージの作品と、エドウィン・ハーキンスとフィリップ・ラーソンによるグループ「THE」、すなわち特定の演奏団体による即興演奏と同時にひびかせられる作品《vis-à-vis》として初演された。初演では、大岡信の詩『静寂の海』、トマス・フィッツシモンズによる英訳が朗読されている。

このようにみてみると、一九八〇年代になってからのテープ作品、《波長《ウェイヴレングス》》と《静寂の海》は、ともに何らかのライヴ演奏と「ともに」ひびかせられるものであり、単独で聴かれるべきものといえるかどうか疑問だ。また、《ミネアポリスの庭》は、コンサートホールではなく、展覧会場という音・音楽を集中的に聴取する場所ではない、むしろほかの視覚的だったり触覚的だったりする場において、並行してひびかせられているという点で、コンサート用作品とみなすのはむずかしい。

逆に、ミュージック・コンクレート、あるいはテープ音楽として、コンサートホールでひびかせられるべく意図された作品のようにみえても、実際の上演＝演奏は異なった要素が介入している場合が、それ以前の作品にもある。《水の曲》は、一九六〇年四月二八日、東京の草月ホールでおこなわれた「作曲家集団 四月の会 武満徹」で初演されたが、そのときには舞台構成を勅使河原宏、舞を観世寿夫、しかも、フルート二本とアルト・フルート一本を重ねている。また、《ルリエフ・スタティク》や《空、馬、そして死》はラジオ・ドラマ、《ユリディスの死》は舞台、《怪談》は映画のため、である。

☆

武満徹は、谷川俊太郎との対談のなか、詩人に求められて電子音楽とミュージック・コンクレートの違いを説明している。東西の音楽観を語った後、電子音楽における純音と、それを用いて作曲するという（ドイツ的ともいうべき）構築性について述べた後、ミュージック・コンクレートはそれとは違うのだと言う。つまり、科学的——武満徹のことばでは「電子工学的」——には純音と雑音がある。電子音楽は、その雑音を如何に取り除いていくかが問題となる、と。

ミュージック・コンクレートの方は今までのヨーロッパの思考法とは異なった次元から出発してる。ヨーロッパは土台があって壁があって仕切りがあって額ぶちがあって、その中に空間作るというやりかただが、日本の場合だと空間的なところに一番力が入っている。庭があって外の風景があって、そういうものと実際の風景が、ある一種の連なりがある。ミュージック・コンクレートはどっちかといえばそういう立場で、今までのヨーロッパの仕方とは違うと思うんだよ。（「ヤマハニュース」一九六一年四月号）

おなじ対談のなかで注目すべきは、こうしたミュージック・コンクレートと電子音楽への意識の仕方、考え方以上に、みずからが手掛けたそうしたミュージック・コンクレートの作品についての立ち位置である。

でもぼくなんか、ミュージック・コンクレートの作曲家とかいわれたりするけど、今いったこととうらはらになるみたいだけど、自分ではそうではなく、あれは作品と思ってやってるんじゃないんだよ。本当のことといえば、画家がいうみたいな意味でのデッサンとは違うかも知れないが、自分のデッサンというように考えているわけだな。あの場合、自分がテープの音と直接交渉があるわけだよ。演奏家というもの通さないで直接交渉があると、自分でもわからないでいた自分のものがひっぱり出されたりすることがある。(「ヤマハニュース」一九六一年四月号)

「あれは作品と思ってやってるんじゃないんだよ」と作曲家は言っている。すこし前に引いたことばなら、「Musique Concrète は、認識の最高の方法として僕の前に在る。僕は、この方法から作品を創ると云うより、集中的な精神の運動をしようと試みる。Musique Concrète は、非常に表現的な方法だと思うが、僕自身は、行動という言葉に近い感覚でこれを捉えている」という部分に相当しようか。それでいながら、一般的に、ひとはそれが放送されたり、コンサートでひびかせられたりすれば、「作品」として受けとるし、いちいち「作品」であるかないかを自問することもなく、ほとんど前提なしに「作品」といった態度をとる。そこでは音楽を聴くというひとつの制度が二〇世紀を半ば過ぎた時点では、ごくごくあたりまえに浸透していることが示されている。武満徹が作品とおもっていなくとも、しかし、初期の作品はレコード化がなされていることは否めない。本来なら、ミュージック・コンクレートやテープ音楽は、作曲家の意図が楽譜や演奏家を介在させないがため、より忠実に実現＝再現されるとするなら、それが再生される際も、スピーカーの配置やひびかせられるホールの状態は、なおのこと微妙に調整されなければならない。そのとき、レコードという媒体は、たしかに作曲家の意図した音をそのまま封じこめるには適していても、ひとつかふたつかのスピーカーで再生されるという意味では、その場、その環境において、不適切な側面をすくなからず有している。だが、実際、たとえ「デッサン」だったとしても、レコードとして流通すれば、画家のデッサンが展覧会場に展示されればやはり作品として接するのとおなじように、「作品」として聴かれることになる。

こうした「デッサン」あるいは「作品と思っていない」といったミュージック・コンクレート、テープ音楽について、武満徹は、いつからかほとんど語らなくなってしまう。作曲を始めたころにあれほど熱心に語られていたことにふれなくなるとともに、そうしたタイプの作品も先に示したように、すくなくなる。ここでたとえば、いくつかの仮定が提出されうるかもしれない。曰く、武満徹の興味は、ミュージック・コンクレートから離れてしまった。曰く、ミュージック・コンクレートの世界的退潮が武満徹にも反映している。曰く、生の楽器、生身の演奏家との接触がふえたがゆえに、現実音との接触は以前ほど重要ではなくなった。

ほんとうにそうだろうか。

武満徹はそれまでも愛情を抱いていた映画の現場に、ミュージック・コンクレートに大きく関心を示していたのと交代するように、大きく接近する。一九五〇年代半ば以降、武満徹は数多く映画のしごとをした。そして或る一定時間のながれを作品として定着するという意味において、ひじょうにちかい位置にある映画と音楽と両方に携わり、思考をつづけた。いわゆるライヴ、生で演奏するのではない、映画のサウンドトラックにおいては、さまざまな編集を施すことができるし、そこでは具体音、現実音と楽器音をすべて等価に扱うことができる。ミシェル・シオンは、映画における音について、ひとが発する声による台詞と現実音、そして音楽の三つがあると指摘しているが、このどれをも同等に扱うというのは、まさに武満徹におけるミュージック・コンクレート、テープ音楽の手法とかさなるものだった。それまで武満徹がミュージック・コンクレート、テープ音楽でおこなってきたことは、映画のしごとのなかに、ごく自然に統合されることになった。

あらためて、武満徹がミュージック・コンクレート的な発想を抱いたときの文章を読みかえしてみる——「ぼくは、一九四八年のある日、混雑した地下鉄の狭い車内で、調律された楽音のなかに騒音をもちこむことを着想した」——と、たしかに「調律された楽音のなかに騒音をもちこむ」というのは映画とは異なっている。映画においてはむしろその逆である。

だが、武満徹において、たとえば《クロストーク》や《スタンザ》といったコンサート用作品にテープが用いられるのは、文字どおり、「調律された楽音のなかに騒音をもちこむ」ものであり、これがすべての音を素材とするミュージック・コンクレートと相補的ととらえることも可能だろう。

武満徹はのちの一九八〇年代に映画随想と副題のついた書物『夢の引用』(岩波書店)を出版しているが、このなかには映画について述べられていながら、作曲家じしんの音楽の聴き方、耳のすまし方といったものを知る手掛かりのようなことばを読むことができる。

幼年《こども》の頃はじめて映画を観て、私に強い印象を残したのは物語の感動ではなく、もっと別のものであった。それは形を変えた思いがけない現実だが、レンズの性質が生みだす特殊な風景のようなものではなく、いかにも猥雑な日常の相貌と酷似した、もうひとつ別の現実なのである。驚きは、それによって日常の時空が不意に意識されることで、生じるのだ。

あるいは——

私は、（映画について、考えたり、書いたりする場合でさえ）個々の映画の物語性というものには、さして関心をもてない。私にとって、映画は、夢の引用であり、そして、夢と映画は、相互に可逆的な関係にあり、映画によって夢はまたその領域を拡大しつづける。私の（映画に対する）興味は、鮮明で現実的《リアル》な細部が、夢という全体の多義性を深めているように、映画においてもその筋立てより、物語に酵母菌のように作用してそれを分解するような、細部へ向う。

どちらも「物語」というもの、何らかの主人公なり何なりがいて、ある目的をもってストーリーが展開してゆくといったものへの関心の稀薄さが述べられ、逆に細部が物語、物語性を蝕《むしば》んだり、ずらしたり、食い破ったりすることどもに惹かれるさまが記される。「音の河」はたしかにながれてはいるが、あらわれているのはほんの一部にすぎず、ながれのなかではさまざまなことが起こっている。両者は、おなじ時間のながれのなかに併存し、武満徹の音楽作品をとらえるうえでもこの併存を読みとることは多分に意味をもつ。それは音楽作品のみならず、映像と音響によって成りたつ映画というジャンル、総合的であり、複数的であるジャンルで言い得ることだ。

武満徹にとって、映画のしごとはミュージック・コンクレート的実践のつぎのステップとなった。コンサートで演奏されることを意図した作品ではほとんどつかうことのなかった楽器や素材がさかんに登場することになる。サリュソフォンやバンジョーといった西洋楽器、和楽器はもとより、その他の民族楽器もあるし、オンド・マルトゥノやシンセサイザーなどの電気・電子楽器もある。シンセサイザーは、電子音楽スタジオが小型化されたツールと言い換えられ、電子音さえも、すでに武満徹の音世界に包含されている。

一九八〇年代の三つの作品を想いおこそう。これらはどういう位置にあるのか。

さきにもふれたように、《波長《ウェイヴレングス》》と《静寂の海》とは、ライヴの演奏にかさねられるものである。CD化されたものを聴いてみても、それだけで独立した作品、聴きこむべき作品というふうにはとらえにくい。逆に、武満徹の映画におけるしごとや、「デッサン」といったことば、あるいは「音の河」を成りたたしめているもののひとつだったとすれば、どうか。「調律された楽音のなかに騒音をもちこむことを着想した」と記した作曲家は、ここで、ステージ上で演奏される楽器音や身体の現前、みぶりに、騒音＝現実音を持ちこんでいるのではなかったか。

《ミネアポリスの庭》は、またすこし意味が異なっている。展覧会場でひびく、一種のサウンド・インスタレーションであるからだ。音は訪れる人たちと、その人たちのたてる（かもしれない）さまざまな音と共存する。《波長《ウェイヴレングス》》と《静寂の海》以上に、耳にされることが難しいかもしれないが、逆に、《ミネアポリスの庭》が「音楽」であるなら、会場の雑音がそれを偶然的に豊かにしているとも考えられなくもない。その相互浸透性がこの作品の、武満作品にはめずらしい特質であるといえる。

☆

武満徹がミュージック・コンクレートについての考え方を述べていたのは、その作曲活動の比較的初期である。興味がなくなってしまったのかといえば、そうではない。敢えて具体音・現実音と楽音といったことを言いたてなくても、メディアの発達と都市環境はそうした区分をなしくずしにし、音響的な混沌をつくりだしてしまった。そうした方法や立ち位置についで語る必要もなくなっていた。「音の河」の水量は一九五〇年代に較べてはるかに増大したが、そのぶん、汚染も進んでいった。いずれにしても、武満徹が初期に発想したミュージック・コンクレートは、みずからの認識の方法として、デッサンとしてあったところから、映画というべつのメディアとのコラボレーションを経て、一種のサウンド・インスタレーション的なところにまで至るが、そこには表現形こそそのたびごとに、またそれだけをとりだすと断絶があるようにみえるものの、作曲家じしんのことばと照らしあわせてみれば、一貫した姿勢があったことを確認できる。

最後のテープ音楽《ミネアポリスの庭》はサウンド・インスタレーションで、勅使河原宏の庭園と一体となった環境芸術ととらえられる。いわゆる「環境音楽」などとは武満徹は無縁であった。とはいえ、より広義の、自然環境や地球環境まで包含したうえでの「環境」と「音楽」とのありようは、こうした文章からも読みとることができるのではないか――「だが、この地上の異る地域を結ぶ海と、その千変万化する豊かな表情に、しだいに、こころを奪われるようになった。できれば、鯨のような優雅で頑健な肉体《からだ》をもち、西も東もない海を泳ぎたい」。

武満徹が一九九六年二月に亡くなるすこし前に書いた、一般に読まれるべく最後に記した文章である。ミュージック・コンクレートもしくはテープ音楽といった、演奏者が介在することなく、音響、音楽作品それじたいが独立してひびく「作品」から距離をとってしまう武満徹は、しかし、ライヴ演奏される楽器や、歩きながら造形作品をみてゆく場に、同時に、併行してひびかせられることにこそ意味をみいだしていたかのようだ。そこには、ピエール・シェフェルの発想したミュージック・コンクレートからはなれ、ジョン・ケージやマリー゠シェイファーの音楽思想へとより多くの接点を持つようになっていた作曲家の姿をみることができる。

「ユリイカ」特集の

現代詩の現在を考えるとき、おそらく武満徹氏はきわめて示唆的な存在であると言えるだろう。音楽を思想史のなかで語り、文学を音楽史のなかで語ること、詩誌「ユリイカ」の隠された課題は、こうして時代の要請する課題であると信じる。

一九七五年一月号の「ユリイカ」誌は「特集＝武満徹　ことばと音楽」を組み、「編集後記」の最後に、署名（M）はこのように記していた。当時の編集担当の三浦雅士だったろうか。郵便番号が三桁、電話番号は三桁＋四桁の時代だ。

「ユリイカ」という雑誌を買ったのは、この号が二度目。最初は一九七四年五月号、「エリック・サティ」の特集——『少女アリス』の沢渡朔の写真が表紙——だったから、ほぼ半年前。いまでもよくおぼえている。サティ特集を目にしたのは池袋の西口、芳林堂書店の一階、正面入り口からはいって、いちばん奥のすこし手前、右側に平積みになっていた。武満徹の特集もそこでみた。表紙は、斜め横向きの女性の顔が宙に浮かんでいる、灘本唯人のイラスト。この雑誌のほかの特集を手にとるようになったのは、もうすこし経ってから、と記憶する。武満徹や林光、高橋悠治といった作曲家の文章は読んでいたものの、現代の作曲家をめぐって論じる文章にはなじみがなく、この雑誌は、中学生から高校生になるときに、武満徹という作曲家をみるひとつのプリズムの役割をはたした。多くの文章は大してしごとも知らない人物についての論で、よくわからなかった。逆に、「33の質問」はくりかえし読んで、笑ったし、吉田秀和のエッセイに妙に説得されるような気になった。大御所の文章でくりかえし読んだのは唯一これだった。

「日生劇場音楽シリーズ」の第一〇〇回記念でおこなわれたのが「武満徹フェスティバル」で、一九七四年一一月一七日だった。おそらく、編集部では、このコンサートが開催されることとつなげたかたちで、特集を組んだのではなかったか。コンサートに足をはこんだひとの、執筆者も一般の聴者も、記憶が薄れないうちに、ということもあったろう。

吉田秀和は、特集の冒頭に短い文章を寄せている。タイトルは、文章の冒頭部分からとられつつ、すこしだけ変えている――「武満の芸術は能から来たといえば当然……」。文章そのものは、「武満の芸術は能から来たものだ、といえば、誤解を招くのは当然だ」と書きはじめられ、最後の段落ではこう締めくくられる。

だが、武満の音楽をたて続けに何回もきいていると、少なくとも私は、その対極にあるものへの烈しい渇えを覚えてくる。もっとかわいた、知的な、笑いをもった芸術の世界へのそれである。それは、私が武満に不満を感じるというのでなく、ちょうど能が狂言をよびおこさずにおかなかった歴史を思い出させるような具合に、私の中に生れてくるのである。そういう音楽家は、今の日本のどこにいるのか？

「武満さんの音楽っていうとね、〝パシッ〟とかね、〝ビーンヨヨン〟とかね、ああいうふうに思うんだけど、それはいやなこと？　そういうのばっかり言われちゃうと」と黒柳徹子は長寿番組「徹子の部屋」のなかで問い掛けている。一九七七年二月四日の放送とされるが、一九七六年二月から放送開始というから、ちょうど一年目くらいの出演にあたるだろう。それはともかく、この時期でも、こうした擬音が口にされるようなかたちで、武満徹というよりゲンダイオンガクが認識されていた時代、ということになろうか。〝パシッ〟や〝ビーンヨヨン〟といった音のありようは、《ノヴェンバー・ステップス》の、琵琶や尺八のイメージなのかもしれない。「ユリイカ」がでた一九七五年の秋に初演された《カトレーン》は調的なひびきも多くある作品だったし、こうした擬音になるような部分もないことはないかもしれないが、さほど目立つものではなかった。それはまた、吉田秀和の「能が狂言をよびおこさずにおかなかった」というところに、妙にかたくるしい音楽の印象がこめられているが、ほんとうにそうだったろうか。

☆

「ユリイカ」の特集では、世間的に「音楽批評家」と呼ばれるひとや「音楽学者」はほとんど執筆していない。吉田秀和と吉井亜彦がかろうじてそうか。音楽雑誌との差異化をはかってこそのラインナップとなったかのよう。作曲家の近藤譲、映画監督の篠田正浩、松本俊夫、美術批評家の東野芳明、ジョセフ・ラヴ、文芸批評家の粟津則雄、大久保喬樹、医学者の角田忠信、そして瀧口修造。あとは武満徹との対話として谷川俊太郎と高橋悠治。

この号にはまた、吉田健一「詩に就て」、菅野昭正・高階修爾・平島正郎の鼎談「十九世紀の文学と芸術」の連載が継続、長谷川四郎、高橋康成、池澤夏樹、鈴木志郎康、谷川俊太郎・和田誠「まざあ・ぐうす」の新連載がはじまっている。目次のあたりにはいくつかの詩書の広告がある。思潮社の「一九七五年に向けて」とつけられた現代詩文庫の「第Ⅱ期近代詩人篇」があって、刊行予定として「次回・五月」に瀧口修造が挙げられているのだが、これは刊行されぬまま現在に至る。この号を手にとると、すこしずつ、学校いがいのことに、まわりのことに、反応できるようになってきたことを想いだす。しばらくして東野芳明『マルセル・デュシャン』が一九七七年。小倉朗『日本人の耳』が一九七七年、角田忠信の『日本人の脳　脳の働きと東西の文化』が一九七八年にでる。前者はいくつか、入試問題にもでていたのではなかったか。近藤譲『線の音楽』はといえば、一九七九年の刊行なので、まだすこし先のこと。

わたしはといえば、この号を介して、作曲家としてはもちろん、音楽だけではなく、よりひろく文化を考えるという作曲家なる存在なるものを意識するようになったのだ、ふりかえってみると。

5

映像・音響

瀧口修造と作曲家

瀧口修造と音楽といったとき、間髪をいれず召喚される名は武満徹であろう。一九五一年、瀧口修造は新しい運動を起こそうとしている若い芸術家たちと知りあった。美術家もいれば作曲家も、演奏家や批評家もいた。詩人はこのグループに「実験工房」と名を与え、かれらは実験的な試みをおこなった。来日したフランスのアーティストが欧米にもめずらしいものだと詩人に熱く語ったともいう、現在は一種伝説ともなったグループに、武満徹はいた。また、湯浅譲二が、鈴木博義が、佐藤慶次郎がいた。以来、武満徹は瀧口修造と深いつながりを持つことになる。

それにしても、なぜ、瀧口修造と武満徹なのか。作曲家は何度もみずからの師であると語った。詩人も文章のなかで作曲家にふれ、「リバティ・パスポート」を贈ってもいる。若き作曲家を詩人が養子に迎えようとした事実も知られている。

海外の芸術動向について、思想のあり方について、若い芸術家たちは瀧口修造のことばに耳をかたむけただろう。戦前に書かれた先駆的な文章からも多くを学んだにちがいない。そうしたなかでとくに瀧口修造から武満徹へと浸透していったものとは何だったのか。

いくつか推測できるものがある。作品の「詩」的ともいえる題名。題名と作品とのつながり。スケッチの段階において描かれるイメージやことばの群れ。個人的な宛先をもった作品という考え方。だがこれだけでは、あまりわかりやすくはない。もうすこしパラフレーズしなくては。

武満徹作品の題名は、いわゆるヨーロッパ芸術音楽の型を踏襲したものでもなければ、この列島の伝統音楽とも違う。方法論や形式を示すわけではない。作品が意図するところ、作品の方向性を示すわけでもない。それはしばしば内外の詩人や画家の作品から採られ、そのことばが創作の酵母ともなる。題名はかならずしも具体的でも抽象的でもなく、イメージ喚起的である。しかもそうした題名から、音のひとつひとつを選び、積み重ねてゆく作業のなかで、作曲家は音列やモティーフの断片といった作品そのものと結びつくところから、かならずしも直接的な関係を持たない絵や落書き、引用を含む諸々のことばをも、書き加えていた（詩人が「手が先き、先きが手」と呼んだものとの共鳴）。さらに年を経るごとに、ひとつの楽曲を演奏する、その演奏家、その身体、その手に向けて書く、作曲することがはっきりとしてくる。作曲家じしんは「パーソナル・ギフト」と呼んでいたが、ピアノならピアノ、クラリネットならクラリネットという大まかで抽象的な、というか、漠然としたこの楽器の、音色ではなく、この演奏家によるこの楽器の音、といった具体性をつよく意識し、ゆえに委嘱してきた演奏家はもとより、楽曲が演奏される場といったものまでも、作品は含みこんでゆくことになる（詩人は、「リバティ・パスポート」として、公にされることさえ意図しないことばとオブジェを知人・友人に贈りつづけた）。

もうひとつ挙げるとするなら、夢、だろうか。シュルレアリスム直系の詩人と、夢という語を何度も題名に用いた作曲家。

詩人は武満徹がはじめて上梓したエッセイ集『音、沈黙と測りあえるほどに』（新潮社）冒頭に、こんな文章を寄せている――「音の乏しいときに、音を求めてあるく少年。そのシルエットのような最初の存在から、間もなく私は生れる作曲家という人の存在をはじめて身近に知った。私にとって遅すぎたようだけれど。しかし時はただしく刻んでいた」、（「余白に」、『音、沈黙と測りあえるほどに』）。

武満徹は、初期から瀧口修造に触発された作品を書いてきた。詩の題名がそのままに生きている《妖精の距離》や《遮られない休息》。「誰か？　まずは物を言え、透明よ！」との句がフランス語とドイツ語で、フルートの楽器音のあいだを縫って発される《声《ヴォイス》》。四篇の詩、というよりタイトルどおり「諺」だろうか、をコーラスにした《手づくり諺》。さらにはもっと間接的かもしれないが、《クワイエット・デザイン》や《ジェモー》、あるいは、詩人の追悼ともなる《閉じた眼》。いうまでもなく、瀧口修造を経ずしては召喚されなかったかのようなもの、シュルレアリスムの画家たちやマルセル・デュシャンと密接につながってくるものもある。

多くの文章を遺した瀧口修造ではあるが、あらためてページをめくりなおしてみると、音楽についてのものは少ない。「実験工房」がおこなった公演についての批評、ジョン・ケージとデヴィッド・テュードアが来日公演をおこなったときの英語による「想い」、小杉武久らの演奏をめぐる印象、あとはもっぱら——ことばどおり、文字どおり？——『余白に書く』に収められた短い文章くらいか。

巖谷國士は、「瀧口修造はもともとミヨー、プーランク、とくにエリック・サティなどを好んでおり、音楽批評の文章はほとんどないが、ある一貫した音楽観をもっていたと見ることもできる」（「瀧口修造小事典」、『封印された星』）と記していた。あるいは、秋山邦晴のエピソード。秋山邦晴がレオ・フェレのシャンソンを詩人に聴かせると、興味を示した。テープに録音して持って行ったところ、再生機がないのでテープはそのまま部屋の片隅に放置された、というような。

「実験工房」には、武満徹いがいにも作曲家はいた。にもかかわらず、ふつうにみることができる文章で、ほかの作曲家にふれているものは、わずかに佐藤慶次郎のみである。この寡作な作曲家（にして、後年のオブジェ創作家）をめぐって二つの文章があることは記憶にとどめておきたい。武満徹や湯浅譲二とちかいところから出発しながら、佐藤慶次郎は波動そのもの、波動を生みだすオブジェ、禅やエミリ・ディキンソンへの関心、へとむかった。また、『余白に書く』にはないけれども、小杉武久が仲間であった「タージ・マハル旅行団」と即興的な演奏をおこなったことについてちょっとしたメモもある（瀧口修造じしんは小杉武久の名を引いているのみだが）。

☆

唐突であり、乱暴であることを承知のうえで、佐藤慶次郎と小杉武久、そして武満徹をつなげることができるかどうか。もちろん、ひとがどんなものを好むかは多形的であり、拡散的である。たとえブルトンをはじめとするシュルレアリストたちが音楽に対して一種の軽蔑にちかいものを抱いていたとしても、だ。その意味で瀧口修造の好みは同時代的である。先の三人の名は、戦後この列島に登場した新しい音楽の考え方、あり方に交換しているという点で理解できるものだ。でも、それだけだろうか。それだけで放置できるのだろうか。

詩を書くことについての、瀧口修造の文章から引く――「詩を書くことについて。／長い期間、詩を書く習慣から離れていた。終戦後、何度か雑誌から詩を送るようにす、められたが、手につかずにいる。戦争中に書きためたエクスペリメントのような私稿も消失してしまった。こういうものは日記と同じように書きかえすことのできないものだ。別の形で、新しい仕事にあらわれてくるのを待つほかはないだろう」(「一つの lost generation について」、『コレクション瀧口修造』第三巻)。

「書きかえすことのできないもの」というおもいは、時間と不可分だ。時間のながれのなかで過ぎ去ったもの、通りすぎたものは取り戻すことができない。時間は取りかえせない。ほかでもない、それは夢に似ている。いや、夢そのものである。想いおこしておこう、瀧口修造は、夢を記述しようと試み、その速度を可及的にあげ、独自の書き方になっていった、と記していた。次々にイメージが生成し、逃げ去ってゆく、瞬間、瞬間ごとの発生と結合、消失。これが夢のひとつのかたちだ。一方で、この散らばってゆく夢の破片はあくまで夢の要素であり、それを包摂する夢の状態がある。夢の細部があり全体がある。

こうしたことばを読んだうえで、先の三人の名をかさねてみたらどうか。

「夢」が音楽作品のひとつの系列になっている武満徹は、「私のなかに予告なしに顕われてるある不定形なもの」「自分の内面に衝きあげてくるある種のもやもや」(『数の夢』)と、「その細部において鮮明でありながら、思いがけない非現実的な全体を示す」(「夢の時」、「プログラム・ノーツ」、『武満徹著作集』第五巻）と夢について述べるとともに、別のところでは「夢、この非現実的な領域は、隠れた水脈のように錯綜し、宇宙と人間とを貫く不可知の層を走っている。それは歴史と弁証法を超えた永遠の瞬間であり、しかし現実はつねにその瞬間のうえに脚《た》っているのだ」（「夢」、『樹の鏡、草原の鏡』）とも書いている（この文章の最後には、夢のなかの音について、瀧口修造の名が引かれる）。

武満徹の音楽が、夢の細部であるとしたなら、ほかの二人の音楽はどのようになるだろう。佐藤慶次郎の《エレクトロニック・ラーガ》にしても、小杉武久とタージ・マハル旅行団にしても、ある持続、インドの伝統的な音楽から何らかの想を得たラーガの時間性を持っている。タージ・マハル旅行団はといえば、始めも終わりも定かにならぬ、浮遊する音の持続を一晩中つづけていた。前者の《エレクトロニック・ラーガ》について、詩人は「要するにこの世界には翻訳することのできない発信音のような音楽がある。音楽の故郷のようなもの」（「透明人間の音楽」、『コレクション瀧口修造』第四巻）と記していた。

諸々のイメージがあらわれたり消えたりする瞬間が連続してゆく。それがひとつ。もうひとつは、個別に生成し消えてゆく夢たちを包みこむような、目覚めていない、夢のなかにいる、夢をみている時間。その持続的な時間だ。瀧口修造が身近に接し、その音楽に何かを感じていた作曲家は、詩人の夢の、つまりは時間のあり方にどこかで重なり、浸透し、同化してしまうものだった。

……ひとつの古い家屋を想像してみる。時は一九六〇年から七〇年代。東京オリンピックがあり大阪万国博がある。そうした都市中心部の変化のかたわらにありつつも、樹木にかこまれた小さなふるい家屋。はたして、そこからどんな音がきこえるだろう。ラジオからながれる流行歌だろうか。レコードからのクラシック音楽だろうか。だが、おそらくは、とてもひっそりしていたにちがいない。ひとがいる気配はあっても、音はほとんど外に洩れてくることはない。それは「遮られない休息」の、球形な「ことりともしない」風情を漂わせている——「すべて／ことりともしない丘の上の球形の鏡」(「遮られない休息」、『コレクション瀧口修造』第一一巻)。

映画音楽へのアプローチ

武満徹が他の映画音楽を手掛ける作曲家と区別されるところはどこだろう。作品の多さだろうか。いや、もっと多く書いている映画専門の作曲家はいくらでもいる。コンサートで演奏される作品を自らの軸にしていながら、映画の音楽を多く手掛けていることだろうか。そうかもしれない。それもほかにいくらも例があるだろう。

武満徹と映画の音楽というつながりで重要なのは、おそらく、映画における音楽、のみならず、映画における音と音楽、あわせてのアプローチということになるのではないか。映像が出来上がり、編集もほぼ終えて、最後にただ音楽をつける作業が残っている。武満徹は、ただ課されたしごとを果たすというだけではなく、もっと制作に踏みこんだかたちで、映画全体における音楽と音を扱っていくことが多かった。映画のなかの音、のみならず、人にとっての音、もつねに考えていた。視覚性や動きと音、時間も意識しつづけていた。

こうした映画への音・音楽上のアプローチは武満徹が幼少期から映画に親しみ、馴染み、また愛しつづけてきたことと無縁ではない。自身こう書いている——

僕は映画音楽をたくさん書いてきましたが、その理由はまず第一に映画が好きなこと。第二は映画というメディアが音楽家にとって面白い場であること。第三はたくさんの人と共同で仕事できることです。（「ひとはいかにして作曲家となるか」）

第二次世界大戦が終結し、一九五〇年代に音楽に携わり始めた一九三〇年生まれの武満徹。作曲家が一九六〇年に発表した文章を読んでみる。

ぼくは、一九四八年のある日、混雑した地下鉄の狭い車内で、調律された楽音のなかに騒音をもちこむことを着想した。もう少し正確に書くと、作曲するということは、われわれをとりまく世界を貫いている《音の河》に、いかに意味《シニフィエ》づけるか、ということだと気づいた。（「ぼくの方法」）

エッセイの終わりちかくには、一九四八年、フランスでミュージック・コンクレートが発明されたことを後に知り、偶然を喜んだと記されている。楽器の音のみならず、現実にあるすべての音は音楽の素材になりえ、そうした音素材を録音・合成して音楽作品をつくろうとしたのがミュージック・コンクレートだ。

メタフォリックにとらえてみるなら、一本の映画のこと、ひとりの人間の生のことともいえるだろう。音楽の河ではなく、音の河と呼ばれていることにも気をつけておきたい。個々の音は生まれ、消える。その音たちが同時に、また少しずつずれながらそれぞれに生まれ、また、消える。音たちの生と死がひとまとまりになって河となっている。楽音も騒音も、音として、ひとつの河のなかに、いや、河そのものをつくっている。

☆

映画のなかの音は、大雑把に分けると、人の声（によるセリフ）、諸々の現実音、（いわゆる）音楽の三つからなっている。いわゆる音楽といっても、楽器によるものがあり、声があり、電子音によるものもある。ヨーロッパ由来のもののみならず、日本そして世界のさまざまな伝統楽器、民俗楽器による音だってある。こうしたすべての音は、音楽であろうと雑音であろうと声であろうと、音として事実上ヒエラルキーを持っているわけではない。映画を観ていると、セリフがまず耳にはいり、音楽がその背景でひびき、物音は何かを実証するためにあるように感じられる。日常生活でも同様だ。それは人の、というか、生きものの心理によっているわけで、物理的には声であろうと物音であろうと、おなじ資格であるはずだ。すべてがおなじフィルムという媒質に定着され、ひとつの河となって時間のなかを流れる。

武満徹の「音の河」は、この作曲家に言及する際しばしば引かれてきたことばにほかならぬ。自身も何度もつかっている。このことばを、敢えて映画に結びつけて考えてみると、どうだろう。武満徹という作曲家における音・音楽に対する感受性と思考、ミュージック・コンクレートにおけるテープと映画におけるフィルム、媒質に定着されるイメージと音、そのヒエラルキーのなさとは、重なりあってはいないだろうか。

『怪談』(小林正樹監督、一九六五年)の第一話「黒髪」。長らく離れていた家に戻って一夜をあかした武士は、朝、廃屋で目覚める。手にした黒髪が髑髏《どくろ》からはえていることに気づき、からみついてくるこの黒髪から逃れようと、七転八倒する。ひびくのは木を素材にしたさまざまな音。大きさや太さの異なる木を叩いたり折ったりし、それをテープ編集する。胡弓ののびてゆく音と重なり、映像に、わずかにずれを伴いつつ、衝撃音を加える。

旧来の音楽の概念からすると音楽とは呼べないかもしれない。テーマ曲とか、ライト・モティーフとかとは異なり、音響効果のように、画面にはたらきかける。単なる効果ではない。テープ音楽として、映像から切り離されて聴かれる音楽ともなる。

映画においては——いや、現実においても、か——たったひとつの音が発されて、時間と空間が大きく変容することがある。経験は誰もが持っていよう。それは音であり、音楽ではない。音楽はひとつの音で成りたつわけではない。音楽は、音が複数あり、組みあわされることで生みだされる。文字どおり、compositionが、複数の音をさまざまに配置し、配置されるものが音楽である。そう考えられてきた。

ほんとうにそうか。たったひとつの音は、音楽になりえないのか。たしかに音楽ではないかもしれないけれど、音にふれるものに、何かが感じられる、伝わる、起こる。それは確かだ。0ではなく1。懸隔は大きい。音楽作品としては、多分にコンセプチュアルなものになってしまうだろうが、映画においてなら、たったひとつの音、打楽器の一打ちやオーケストラのトゥッティで空間=時間を引き締め、何かを大きく変化させてしまう。音楽と呼ぶかどうかはまたべつのこと。

こういう文章がある。

　音は消える、ということを、本質的な問題として捉え直した作曲家は、John Cageだろう。だが、すべての音楽表現の根底には（消えていく）音を聴き出そうとする、人間の、避け難い、強い欲求が潜んでいるはずだ。（「『消える音』を聴く」）

アメリカ合衆国の作曲家ジョン・ケージは、ある一定の時間、演奏家が何も音を発さない《四分三十三秒》や、ステージ上に楽器やラジオを含めさまざまな音を発する日常的な素材を持ちだし、その音楽についてのラディカルな思考によって世界に賛否両論をまきおこした。武満徹もケージの音楽にふれ、大きく影響を受けたし、そのことについて発言もおこなっている。だが、もしかすると、それは先のミュージック・コンクレートについてと同様、武満徹が多くの映画に接しているなかで感じてきた、考えてきたことどもが、音楽作品において実現されてしまっていることへの驚きであり共感ではなかったか。ケージは、《四分三十三秒》はもちろん、音楽作品における始まりと終わり、ひとつの時間の枠ということをつねに意識していた。その意味では、映画もまたひとつの時間を持つものにほかならず、音楽があるところもないところも含め、ひとつの持続によって成りたつ。一定の持続のなかでは、何もないところも、退屈なところも、事件も、生じる。

武満徹の音楽へのミュージック・コンクレートやジョン・ケージの影響を、コンサート作品だけでなく、映画のための音楽を含めて考える。逆に映画のための音楽からみると、コンサート作品とは異なった相貌があらわれてくる。

こういう文章も読んでおこう。

相乗する視覚と聴覚の綜合が映画というものであり、映画音楽は、演奏会場（コンサートホール）で純粋に聴覚を通して聴かれるものとは、自ら、その機能を異にする。飽くまでも、映画音楽は演出されるものであり、そこには、常に、自立した音楽作品とは別の、抑制が働いていなければならない。（「映画音楽　音を削る大切さ」）

映像には映像のテンポやリズムがある。俳優の動きやカメラの動き、モンタージュなど編集により生まれるテンポやリズムがある。他方、音楽には音楽のテンポやリズムがある。前者を後者が壊してはならない。いや、故意に衝突させることで生まれるものもあるのだが、いたずらに両者を重ねればいいというものではない。武満徹はそのことをよく理解していた。映像に余計な音楽は加えない、むしろ音楽は削ってゆく、それが自らの方針のひとつだった。先に、たったひとつの音が空間＝時間を変容させると記した。音が消えるものとの意識についてもふれた。ひとつの音による、空間＝時間の変容については、たとえば尺八による、琵琶や三味線によるたったひとつの音で、ひとつの世界観が生まれる状態を想起できる。ひとつひとつの音符にはさしたる重要性はなく、ひとつひとつの音符を組みあわせ、構築してゆくことによって音楽となると考える発想とは大きく異なる。ひとつの音がひびくのは一瞬だが、音が消えさってゆく残響の時間があり、音が届く空間がある。こうして生まれる時間や空間も前後の音の状態、音によるコンテクストと切り離しえない。映画においては、映像と映像によるストーリーがコンテクストとしてつよく作用する。

「間」と呼ばれる空間にも時間にも用いられる語がある。それはただの空隙《くうげき》、何もない空間＝時間ではなく、そこにべつに「あるもの（存在するもの）」を「不在」によって絶妙なバランスのうえで支えるものだ。あるテンションをつくりだす「不在」と、仮に、言い換えてもいいか。武満徹のコンサート作品には、ときに、こうした「間」が訪れる。映画のなかにおいてこの「間」は、映像のなかの人物やモノ、行為といったことどもの相互と時間のながれのなかで生じる。いや、武満徹の音＝音楽によって、生じさせられる。ストーリーのながれを、ときに、断ち切ったり、宙づりにしたりするものとしても。

映画には具体的なモノが映像としてあらわれる。椅子が、テーブルが、食器が。建物が、道路が、服が、髪型が。ストーリーと結びつき、観るものにあの場所、あの時代を想像的に立ちあげる。コンサート作品とは異なったスタイルやヴォキャブラリーを要求される。

黒澤明は、『乱』（一九八五年）を制作するにあたり、マーラーの音楽をイメージしていた。音楽を担当する武満徹にも、マーラーの名を挙げながらしごとを依頼した。そんな限定に対して、作曲家はかならずしも同意できないかもしれない。とはいえ、監督の意志を尊重し、自らのセンスと手腕を生かしながらも、あらたなひびきをつくりだす。結果、つぎつぎと武者たちが弓矢に、火縄銃に撃たれ、倒れ、城が落ちてゆくシーンでは、はじめにあった現実音も次第に消え、あとはゆっくりしたテンポの重苦しい音楽のみがひびくという音響上の演出が施されることになる。

武満徹がほとんどの映画作品と関わった映画作家といえば、ほぼ同世代の勅使河原宏を挙げることができる。華道の家元でもあったため、映画作品は多くはないけれども、武満徹と組み、ともに齢を重ね、時代とともに作品のスタイルも変えてきた。

ジャズの鋭角的で抉るようなリズムを弦楽オーケストラで奏し、プエルトリコ人ボクサーのうごきに重ねたドキュメンタリー『ホゼー・トレス』(一九五九年)。ジョン・ケージの開発した、ピアノの絃のなかにボルトやゴムなどをはさんで音色を変え、打楽器のようにひびかせるプリペアド・ピアノや、チェンバロを積極的に活用した『おとし穴』(一九六二年)。細分化された弦楽オーケストラによるグリッサンドの上昇と下降が交差する――この弦楽オーケストラの処理は、「地平線のドーリア」へと転用・発展される――『砂の女』(一九六四年)。映画では、このグリッサンドに、フルートやバス・クラリネットが、金属打楽器のひびきが打ちこまれ、テンションを高める。また、ラストに近いシーンでは和太鼓のいつ終わるともわからない連打がつづき、ストーリーと相俟って、おそらくエクゾティックでありながらも普遍的な不条理さを観るものに印象づける。『他人の顔』(一九六六年)では、冒頭からワルツがひびき、映画内のビアホールのシーンでは、ドイツ語のソングが歌われる。対して、電子的に音響処理された楽器音が、不気味なストーリーの進行と映像のあいだにゆがみをつくってゆく。

勅使河原宏が時代劇にいどんだ二作品、安土桃山時代、豊臣秀吉にまつわる人物を描いた『利休』（一九八九年）、『豪姫』（一九九二年）で、武満徹はコンサート作品とつうじる混沌から甘美までのオーケストラ・サウンドをひびかせる。前者では、同時代ヨーロッパにおける初期バロック音楽も援用される。一方、ドキュメンタリーである『アントニー・ガウディー』（一九八四年）、建築家の姿はあらわれないながら、その生まれ育ったスペイン、カタルーニャの民謡や古いバロック時代の音楽が素材として用いられ、映像と音楽の調和がはかられる。

☆

武満徹が映画のために書いた音楽は、おなじひとつの映画のなかでも、しばしば、異なったスタイルの音楽が共存する。同時にひびくわけではないが、シーンによって、コンテクストによって、音楽が異なったり、変化したりする。いわゆる「現代音楽」風のところも、ポップ・ソングのようなところも、民族音楽や伝統音楽のようなものもある。作曲家は、音楽作品のなかで複数のことを同時に語りたい、と記すし、たしかにひとつの音楽作品のなかで、異なった声部が異なった時間をもったり、複数のメロディを奏でたりということはあるけれども、それだけでなく、これもやはり映画に照らしあわせて考えてみると、映像に映っているさまざまなこととセリフ、声、物音や音楽が、おなじひとつのシーンなり画面なりに共存していることを、この作曲家は意識していたのではないか。

映画のなか、シーンによって、音楽が変化する。ときにオリジナルなものだけではなく、何かほかの音楽を模倣したものが、実際に引用・借用したりすることもあったり。ひとつの映画作品のなかに多くの音楽が共存する。映画としてはあたりまえだけれど、武満徹は、ときに、コンサート作品において他者の作品からの引用をしたり、他者の作品の編曲をおこなったりして、確固たる自己、ひとつのかたまった自己だけでない、開かれた存在としての自分、他者とつながった「わたし」を志向していたようにみえる。ただ個のいとなみとして五線紙に音符を書きこんでゆくしごとだけではなく、映画や演劇のしごとをおこない、コンサートのプログラミングをし、文章を書く、といったことにもつながっているような。

武満徹はある講演でこんなことを述べている。曰く、映画を観て、そこでひびいている音楽について、誰の音楽なのかなどと考える人はあまりいない。西洋文化においては個性尊重がずっと続いてきたけれど自分は懐疑的で、そうしたことを超えたところに音楽はあるはずだ。そしてこのように結ばれる――

つまり、たくさんの個別のものが、それぞれ触れ合って、それが質的に変化を続けていって、それであるひとつの匿名の世界に行きついた時に、音楽は、社会性をもつのだろうと思うのです。(「私の受けた音楽教育」)

武満徹は、映画のしごとについて、コンサート用の作品とはべつに、映像と一体になった、他者との共同作業によって生まれた作品ととらえていた。かならずしも生身の演奏家によって再演=再解釈されるものではないかもしれないが、フィルムというメディアをとおしてのアートとして、テープ音楽の別種のようなものとして、あったのではないか。映画は「監督」の名で流通する作品ではある。それはあくまでとりあえず、仮の、代表者の名でしかない。内実は共同=協同作業、コラボレーション、集団創作的なものだ。たとえば、マース・カニングハムのダンス作品に、しばしば入れ替わるにしても、ジョン・ケージやデヴィッド・テュードア、小杉武久、ロバート・ラウシェンバーグ、ダニエル・アーシャムといった名が切り離せないように。何人もの人たちと一緒にしごとをすることで、「わたし」が稀薄になる。固有性が作品のなかに融解する。固有性から匿名性へとむかってゆく。

武満徹が映画に携わるようになった一九五〇年代、第二次世界大戦が終結し、映画産業においてもまだまだ手探りの状態がつづき、各人が自分の役割以外にも映画の現場では発言したり手伝ったりすることができた。武満徹は、何人もでしごとをすることが好きだと語っていた。

☆

二一世紀を一〇年以上過ぎ、ディジタル化が進んだ現在、武満徹が生きた一九九〇年代半ばまでの映画や音楽の状況をおもいおこしてみる。もしかしたら、もしかしたら、だ。写真も映画も、ミュージック・コンクレートや電子音楽も、フィルムというおなじ媒質を持っていなかったとしたら、どうだったろう。あるフェティッシュな偏愛がなかったか。映画がときに「コンテンツ」などと呼ばれてしまうような時代に身をおいていたなら、武満徹は、映画に、映画の音楽にあれほど多く携わっただろうか。もし映画のしごとをするのが、それぞれの職制がはっきりと決まった縦割りの組織で運営されているとしたなら、情熱をもって多くのしごとをしただろうか。

映画と音楽、メディアと素材、人と人とのつながりといったところを考慮しながら、あらためて、二〇世紀の作曲家を再考してみることも無駄ではないにちがいない。

コンサート用作品と映画音楽

映画のためにつくられた音楽がコンサートのための作品と異なっている点のひとつは、ひとたび録音され、公開されてしまえば、差し替えられないこと、つまり映像と切り離しがたいセットとなったかたちでの音楽が、原則、最終的なかたちとしてのこるところだ。コンサート用作品なら、演奏家がかわればテンポもニュアンスも音色も、演奏＝解釈、パフォーマンスでそのたびごとに音楽が生きる、生きかえる。演奏が良くなかったとしても、映画の録音のやりなおしは容易でない。ほぼ不可能だ。その音が定着してしまう。ひとは映画をみながら音・音楽も聴く。音・音楽はみているひとの耳に（ほぼ）同時にひびく。映画をみるたび、おなじように、しかもはじめてであるかのようにひびく。が、少数の例外をのぞいて、その場、その文脈から切り離して再演されることはない。

武満徹は、いわゆるコンサート用作品にも、それまで一般的ではなかった楽器を用いることがあった。よく知られているのはこの列島の伝統的な楽器の独奏＝独創的な使用だろう。

《ノヴェンバー・ステップス》における琵琶と尺八。前段階として《蝕《エクリプス》》が、また数年後には第二作として《秋》につながってくる。いわゆる和楽器としてはほかに、《ディスタンス》のオーボエと、オブリガートとしての笙、雅楽のための《秋庭歌・一具》、あるいは《セレモニアル》での笙がある。一般的でなかった楽器としては《環《リング》》のリュート、《クロストーク》のバンドネオン、《系図》でのアコーディオンといった例。コンサート用の作品いがい、つまり映画のための音楽ではこの幅がはるかに広がる。

武満徹の映画音楽では、コンサート用作品では一度としてつかわれたことのない楽器が登場してくる。ポピュラー音楽的な、いわゆる大衆的と呼ばれるような音楽ジャンルに用いられるようなサウンドをつくるため、通常の「クラシック」的な楽器編成と異なるのはごくふつう、ととらえられる。『狂った果実』(一九五六年)ではスティール・ギター、ウクレレをハワイアンの必須のアイテムとして起用、『素晴らしい悪女』(一九六三年)ではトリオ・ロス・アミーゴスによるレキント・ギター――この楽器が知られているのは、ほかに東洋ロマンチカのリーダー、鶴岡雅義か――が要請される。ハーモニカやアコーディオン、サクソフォンも映画の音楽での登場回数が多い。バンドネオンも例としてはあっただろう。アコーディオンはいまでこそ世界的な名演奏家もでて、楽器の認知度も高まったが、一九八〇年代まではせいぜいのど自慢や歌声酒場、何らかの集会での伴奏楽器程度にしかおもわれていなかった。逆に、武満徹はこうした金属リードを振動させる楽器のノスタルジックなひびきを効果的に映画に導入する。サクソフォンのほとんどとろけそうに甘い音色は、かさねられた弦楽器のひびきとともに、官能的な効果を生みだす。

「バンド」のサウンドには、エレクトリック・ギター、エレクトリック・ベース、ハモンド・オルガン、ドラムスが欠かせない。ジョン・ケージの考案したプリペアド・ピアノは、しっかりと確定した楽譜を持つ作品のなかでは用いられることがなかったけれど、『おとし穴』（一九六二年）や『暗殺』（一九六四年）をはじめ、映画のなかでは重要な役割を果たした。和楽器は『切腹』（一九六二年）で筑前と薩摩、二種の異なった流派の琵琶がつかわれ、コンサート作品では一度として用いられない三味線や十七絃箏、和太鼓もある。十七絃箏の低い音を単発で用いて生まれる時間／空間の緊張感は、おなじ撥絃楽器でありながら、ヨーロッパ由来のハープとは異なった効果を、画面との関係のうえで、生じさせる。

世界音楽＝民族音楽と呼ばれているものも、画面に対して違和を生みだすものとして用いたりもするが、ただオリジナルのままでなく、なんらかの加工を施して用いる。ときに画面にあらわれるこの列島「外」の、風景を音楽的に伴奏するものもあるし、風景を異化するためにぶつけられることもある。『アントニー・ガウディー』（一九八四年）で引用されるカタルーニャ民謡や、『燃える秋』（一九七八年）後半部分のイラン音楽、『ブワナ・トシの歌』（一九六五年）のカリンバ（アフリカの親指ピアノ）、バラフォン（アフリカのマリンバ）は、日本の庭園なり時代劇のなかで日本楽器がつかわれることと語法としては変わらぬ、ごく「自然」に画面とかさなりあう。他方、『心中天網島』（一九六九年）でのバリ島のガムラン音楽やトルコの笛と太鼓は、画面にうつっているもの、素材とはべつの次元にあるものをたちあげる。『天平の甍』（一九八〇年）で引用されるドビュッシーも同様だ。物語＝歴史の文脈とも、地理的にも、風土的にも接点のない（ドビュッシーの）《海》は、それがドビュッシーの《海》という題名をつけられた作品であることを知らずとも、充分に異化と同化――つまり、異化的であると同時に表面的ではないところでシンクロしているという意味――をみている者に感じさせる。

よく知られているところでは、『怪談』（一九六五年）における音の実験がある。胡弓や琵琶、謡、義太夫、太棹三味線といった伝統的な楽器とその（音色の）加工、さらにサヌカイトのような古代の楽器（音具?）、木を折り、割るといった具体的な音、などなど、音の素材は多岐にわたる。この映画が公開された一九六五年をおもうとき、前年の一九六四年にはヒッチコック『鳥』ではふつうの意味での音楽は回避され、バーナード・ハーマンが電子音を効果的につかい、同年（一九六五年）にはジョヴァンニ・フスコがアントニオーニの『赤い砂漠』に電子音楽をつけ、パゾリーニが『奇跡の丘』でさまざまなときところの音楽をパッチワーク（ミシェル・シオンによる指摘）していた。ちなみに、パゾリーニは一九六九年、マリア・カラス主演による『王女メディア』でこうした音・音楽の手法を展開、これは『怪談』の四年後、『心中天網島』とかさなる。こうした映画作家＝作曲家の、いや映画作品における飽くなき音色への探究は、晩年に至るまでつづいた、グラス・トロンボーンやオンド・マルトゥノ、民族楽器、あるいは鈴木昭男が制作した音具アナロポスの導入——こまかくみていけばきりがない。武満徹が音楽活動のごく初期から現実音、具体音を加工するミュージック・コンクレートに関心を抱いたのは、たんなる実験精神やネオフィリア（新しもの好き）ではなく、映画というさまざまな音が（映像も⁉）渾然一体となって存在しうる場に親しんできたからであり、だからこそ「映画音楽」として用いられるトラック部分のノイズを処理してしまおうとするドルビー・システムに違和を抱いて、積極的に肯定はしなかった。

ぼくはいま流行のドルビー・サウンドというのは好きじゃないんです。映画を端からダメにしていく一つの大きな要因になっているんじゃないか、という考えなんです。（『シネマの快楽』リブロポート）

映画における音・音楽のあり方、ノイズとノイズでないものとの明確な区別について、「音の河」を意識する作曲家は、このような発言をしたのではなかったか。

いくつか具体例をながめてきた後に想起すべきなのは、武満徹が一度ならず映画音楽の方法論や美学がまだあるわけではないと述べていることだ。『音、沈黙と測りあえるほどに』（新潮社）所収の文章「映画音楽」で、すでに「映画音楽には、さだまった法則というものはないと考えます」という一文がある。それはほとんど変わらぬかたちで『音楽の余白から』（新潮社）に収められた「映画とその音響」にも再登場する——「今日、映画音楽の方法論あるいは、その美学というものは確立していません」。おなじ文章のなか数段落の後であらためておなじことを述べる作曲家は、なかなかにおもしろいはなしの展開をしてみせる。すなわち、「映画音楽には定まった方法論が無いと書きましたが、映画音楽が映画に附帯するものである以上、それはたえず新鮮な方法でなされるべきです」と。注目すべきことばは「新鮮な方法」である。日常の生活のなか、とくに映画をみるというふうに意識せず、ごくあたりまえのこととして、日常のいとなみのひとつとして、映画をみつづけてきた武満徹は、夥《おびただ》しい映画的記憶を蓄えていた。そのうえでみずからが方法論なんてないんだと結論したところから、実際に映画づくりに携わるなかで「新鮮な方法」を導きだす。

おなじことを語っている部分を、秋山邦晴との対談から引く。

だからほとんどの映画音楽が何の発明もなくて、(…)なんていうんだろうなあ、やはり、もうちょっと映画の音楽の中で、それぞれがいろんな言葉を見つけることは必要なんじゃないかと思うからね。(『シネ・ミュージック講座——映画音楽の100年を聴く』フィルムアート社)

☆

映画の音楽を担当するとは、音楽的な実験を試みるのに恵まれた環境だった。すくなくとも、二〇世紀の半ば過ぎのころはそうだった。旧ソヴィエト連邦の作曲家たちは、映画のしごとで生活の糧を得られたし、西側からはいってくる新しい語法、方法論、技法、サウンドといったものを試すことができた。ショスタコーヴィチから次世代たるアルフレート・シュニトケ、ソフィア・グバイドゥーリナしかり。しかも、実験とはあそび、戯れ、賭けでもあった。ひとの欲望は多形的であり、試みてみたいことはひとつにかぎられるわけではない。世のなかには多くの音楽があり、それぞれのイディオムが、表現形式がある。ジャズやタンゴ、シャンソンといったポピュラー音楽をじぶんなりに料理したらどうなるか。オーケストラや室内楽の定型とは異なった楽器編成でどんなサウンドがつくれるか。映画はさまざまな制約が課せられはしても、コンサート作品ではできなかったことを実現する場になりえた。

映画において音楽を担当するとき、コンサート作品を書くときとは、同一人物である必要もない。別人になれる。べつのペルソナになりかわれる。役者にもつうじるところだ。役者は戯曲なり台本といったテクストを手にし、テクストのことばに準じながら演戯する。つけくわえるべきことばはない。それでいて新たなることばの創出・付加が許されなくても、役者の存在は、演戯は、成りたつ。作曲家もひとつの作品ごとに変身する。同時に、何らかの文脈、コンテクストにおかれることで、みずからが変身する口実《プレテクスト》になる。

現実の生活、ひとがふつうに生きている諸側面で、音楽が映画におけるように「それらしくひびく」ことはありえない。何らかの偶然がはたらくことはありうるにしても、だ。映画において音楽は何らかの効果としてはたらく。みるものに対して何らかのかたちではたらきかけようとするときに音楽がある。

相乗する視覚と聴覚の綜合が映画というものであり、映画音楽は、演奏会場《コンサート・ホール》で純粋に聴覚を通して聴かれるものとは、自ら、その機能を異にする。飽くまでも、映画音楽は演出されるものであり、そこには、常に、自立した音楽作品とは別の、抑制が働いていなければならない。(「映画音楽　音を削る大切さ」)

音楽が映像とともにひびくとき、いくつかの様態を示す。ただ映像をなぞるだけの様態があり、みえている映像の奥に隠されているものを浮きださせるような様態があり、異化効果が目論まれる様態がある。武満徹の音楽がながれるとき、とくにロマンティックなひびきが生まれるとき、どこかしら夢につうじているかのよう。そもそも現実ではそこに音楽がなってなどいないのだし、故意につけ加えるのだから、移植された夢だろうか。

映画はスクリーンに映っている夢のように存在しているが、現実に取材をしている。現実にあるものを撮影していることがほとんどだ。そのため、みえるものもきこえるものも現実に存在するものをいくらでもおりこむことができるし、そうしなければ非現実的にみえてしまいかねない。音楽にしても同様だ。映画のなかには映画の音楽、その映画のためにつくられた音楽だけがひびくのではない。ダンスのシーンなら演奏している音楽があり、ラジオやテレビからながれる音楽があり、レコードがかけられたりもする。それらはオリジナルの映画の音楽とはべつの、一種の異物であるかもしれないが、それらとオリジナル・スコアとは共存する。そうした際に武満徹は、それらしい曲をあらたに書き下ろしたり、引用することもあった。

「映画随想」と副題がつけられた著書『夢の引用』（岩波書店）から二つの文章を抜き書きしてみる。

映画は、完結した様式というようなものではなくて、それだから幾ら映画を観ても、また同じひとつの映画を繰返し観る愉しみというものも生じ、飽くことがない。もしかりに映画に完成された様式美というものがあったにせよ、その美しさは他の映画の美しさとはなりえない。映画は、各個の意識と記憶の深層でさらにモンタージュされ、ひとつの夢を、無数に紡いでいく。あるいは、映画は記憶の鏡だとも謂えよう。

私は、（映画について、考えたり、書いたりする場合でさえ）個々の映画の物語性というものには、さして関心をもてない。私にとって、映画は、夢の引用であり、そして、夢と映画は、相互に可逆的な関係にあり、映画によって夢はまたその領域を拡大しつづける。私の（映画に対する）興味は、鮮明で現実的《リアル》な細部が夢という全体の多義性を深めているように、映画においてもその筋立てより、物語に酵母菌のように作用してそれを分解するような、細部へ向う。だが、実際問題として、そうした細部、夢の砕片をことばによって写しとるのは不可能である。それを可能にするのは、また、映画でしかない。

武満徹唯一の映画随想『夢の引用』の出版は一九八四年。それから七年後の一九九一年、これとおなじ題名を付した二台のピアノとオーケストラのための作品が発表される（副題はジェイムズ・ジョイスの作品からのさらなる引用だ）。作品にはこれまでになく多くの引用、ドビュッシー《海》からの引用があり、作曲家じしんの音符とまじりあっている。コンサート用の作品と映画随想の題名がおなじだったのは、つよいつながりがあるから。引用されるものと召喚する場が不分明になってしまうのが夢だ。それはすぐれて映画的な場だ。武満徹にとって作曲は、しばしば題名や何らかのことば、イメージが先にあり、そこから作品の構造と細部が決まってゆくものだった。おそらく映画随想を本として上梓する際、ことばとして選ばれた「夢の引用」は、そのことば＝イメージが作曲家を牽引し、ドビュッシーを引き寄せ、作品として実現されたのだったろう。当の作品が映画と関係を持っているわけではないかもしれないが、そこではたらいている創作の芽、夢の引力といったものが、映画とかさなるものと想像する自由はある。

☆

一九七〇年代以降、武満徹はコンサート作品ですでに用いた素材に手をいれ、映画のなかに持ちこんでくるようになった。《悲歌》や《ソン・カリグラフィ》を『儀式』（一九七一年）に、《海へ》を『水俣の図・物語』（一九八一年）に、などが挙げられる。コンサート用作品として他者に引用がはじめてめだって聴かれたのは、ギターのための《フォリオス》におけるバッハ《マタイ受難曲》だったが、作品の発表が一九七四年。一九七〇年に四〇歳を迎えた作曲家は、何らかのかたちで過去や歴史へのふりかえりがあったのかもしれない。この時期は、他方、日本の映画産業が衰退していく時期でもあった。

一九七〇年以降、映画の音楽を手掛けたときの実験性が多少なりとも薄れてくる。それまでもごくごく一般的な意味でのポピュラリティをもつ作品はあったし、ミュージック・コンクレート的な手法を導入し、音楽という以上にサウンド・エフェクトのようなものもあった。それが変化してくる。いったん、武満徹からはなれて、日本の映画界における一九六〇―一九七〇年代の状況をみてみる。

四方田犬彦の『日本映画史100年』（集英社新書）のことばを借りれば、日本映画は一九二七年から一九四〇年にかけての第一次「黄金時代」に対し、「第二の全盛時代」として一九五二―六〇年がおかれ、それから「騒々しくも、ゆるやかな下降」たる一九六一―七〇年、「衰退と停滞の日々」の一九七一―八〇年へとつながってゆく。ここに、カラーテレビの普及率が二六・三%、ステレオが三一・二%と急速に家庭内での娯楽が増えたという事実、さらに三島由紀夫の割腹自殺、連合赤軍事件、学生運動の沈滞などがかさなる。ビートルズの解散、大阪万国博覧会の開催、歩行者天国やファストフードが生まれたのもこの時期。ち、映画のロードショー料金は二〇〇三年現在の一八〇〇円――二〇一九年には一部一九〇〇円

	映画館数	観客動員数	興行収入	邦画：洋画
1965	4649 館	3 億 7268 万人	75 億 506 万円	66.7：33.3
1970	3246 館	2 億 5480 万人	82 億 488 万円	59.4：40.6
1975	2443 館	1 億 7402 万人	130 億 750 万円	44.4：55.6
1980	2364 館	1 億 6442 万人	165 億 918 万円	55.0：45.0
1990	1836 館	1 億 4600 万人	171 億 910 万円	41.1：58.6
2000	2524 館	1 億 3539 万人	170 億 862 万円	31.8：68.2

になった――に対し、五五〇円。

映画界におけるスタジオ・システムとスター・システムは衰退し、制作本数の激減が生じる。具体的に数値をみればわかる。一九五八年は上映映画館が七〇六七、観客動員数一一億二七四五万人、興行収入七二億三四六万円で、邦画と洋画の比率は七七・三対二二・七。この年は一種のピークで、以後、興行収入こそ物価との兼ねあいで数字はあがってゆくが、以後下がってゆくばかり（表を参照）。

一九七五年にははじめて洋画の公開が邦画を上回り、ときに邦画が盛りかえしはするものの、一九八〇年代半ば以降まではもっぱら洋画の比率が高いまま継続する。

社会状況に対応し、映画界での過激さ、実験性は一九七〇年以降急速に影をひそめる。映画監督たちは制作者を海外に求めたり、テレビのしごとをしたり、沈黙したりすることが相次ぎ、停滞状態にはいった。黒澤明が旧ソヴィエト連邦としごとをした『デルス・ウザーラ』が一九七五年、大島渚がフランスと組んだ『愛のコリーダ』が一九七六年。その他、多くの映画監督は休止状態。武満徹による映画の音楽から実験性が薄まってくる、薄まってくるようにみえるのは、この時期にかさなる。加えて、一九六七年《ノヴェンバー・ステップス》のニューヨーク初演や、大阪万国博覧会鉄鋼館での音楽コーディネイトをおこなった武満徹は、一般的な認知度もあがっていた。作曲家としての上り調子と映画産業界の下り調子が一九七〇年代前後で交差する。

　こうしたながれのなかで、コンサート用の作品では「前衛」と呼ばれさえした武満徹が、一九七五年、《カトレーン》で調性的《トーナル》なひびきを生みだす。以後、旧来の調性から無調、旋法性、あるいは汎調性《パントーナル》といったものが実作において、あるいは音楽についての思考を記したさまざまな文章のなかにあらわれる。作曲家じしんの発想と実作は、一種「映画」的な広がり、懐の深さ、自由さといったものと親和してもいた。映画における自作の引用、という言い方を先にしたが、コンサート用作品でも、《セレモニアル》に《秋庭歌・一具》の、《鳥が道に降りてきた》に《鳥は星形の庭に降りる》のメロディが引用される。たんなるおもいつきや偶然ではなかった。自己と他者、確固たるひとつの作品と他作品とはせいぜい半透膜によって隔てられているにすぎない。複数の境界があいまいになるようなあり方、作品のみならず、みずからの意識としてのあり方は、映画にこそ内包されていたし、「ユニヴァーサル・エッグ」といった発想も、あるいは「祈り」ということばも胚胎されるものではなかったか。

武満徹における映画の音楽と、コンサート用の作品とをある程度対照させながら、あらためて一九七〇年以降の映画の音楽について、映画と音・音楽との関係についてみてみると、それ以前の映画／音楽にくらべて、アンサンブルやオーケストラのサウンドが、コンサート用の作品、「武満トーン」と呼ばれるひびきに近似することが増えてくる。

武満徹は書いている。

私はこれまでに幾つかの映画のために音楽を書いてきましたが、そのスタイルはさまざまです。映画音楽の作曲家は、ある点では、俳優と似たところがあって、演出家、あるいはその映像から思いがけない自分を引きだされるものです。また、そうした影響力の強い映像に接することが作曲家に新しい勇気と意欲をあたえます。（「映画とその音楽」）

つづいて述べられるのは、映画における企業の能率のはなしで、さらに「音響効果と音楽との分業化」についてもふれられる。

少なくとも現在のような仕上げ日数では、緊密な音響プランを実現して行くには無理があります。殊に音響のテクスチャー、音楽と音響とのより有機的関わりについては困難でしょう。(「映画とその音楽」)

音楽家が、映画創造の現場において、ある箇所に音楽をいれるというだけではなく、映画全体のなかの音、サウンドについて思考し、意見を述べ、責任を持ってコントロールするということがかつてはあった。そのシステムが変わってしまった。それが武満徹にとっての、実験的なことも随分やっていた時期と、後年のしごととの違いではないか。音楽という括りが、音響、サウンドと分業されるようになったというのもある。

武満徹は、そうした時代にあっても、映画のなかに音楽のひとつのながれを、統一されたひびき、トーンを構築しようとした。たとえば、『燃える秋』――。

ラヴェル《序奏とアレグロ》を想起させぬでもない二本のクラリネットをかさねたやわらかなひびきと、武満徹にしばしばみられるすこしだけ苦みが加わった曲調。エンディング・テーマで歌われるメロディ。最後のメロディが、映画がすすんでゆくにつれて徐々にかたちをととのえ、主役の真野響子が北王路欣也と結ばれるシーンではじめて完全な姿をあらわす。

武満徹はここで、一本の映画全体、映像とことばと音・音楽とが一体化したなか、音楽をただ部分部分にあてはめるだけではない、全体の音・音楽としてのながれ、構成といったものを意識する。映画が一定の時間のながれのなかに映像を織りあげてゆくなか、音楽も、ずっとひびいているのではないけれども、間歇的《かんけつ》に、おなじ時間のながれによって、ひとつのかたちを獲得していく。冒頭のシーンから本篇、エンド・タイトルまでのかたちで見据える。あいだにさまざまな異質な要素、はみだしてしまう要因があるかもしれない、きっとあるだろう。しかしそれでこそ映画なのだ。五木寛之の詞によるうたで締めくくられる『燃える秋』。ひじょうにスタティックな空間を広げながら、ラストの不穏で平安なさまに至る『豪姫』(一九九二年)。ひとによっては違和感をおぼえずにはいないかもしれないディキシーランド・ジャズのかぶる『写楽』(一九九五年)。こうした「終わり」への収斂のかたち。映画はたしかに始まりと終わりがあり、フィルムが巻きあげられたら、完結する、される。それは一回ごとの完結であり、巻き戻せばあらたに始まる。ここに武満徹の抱いていた「音の河」をかさねあわせるのは強引にすぎようか。

☆

武満徹を内外の映画作家や映画の音楽を手掛けた人物たちの名のなかにおいてみる。

どんな監督と一緒にしごとをしたのか。

もっとも年長だったのが成瀬巳喜男(一九〇五—一九六九)。そして成瀬よりは年下になる黒澤明（一九一〇―一九九八）、中村登（一九一三―一九八一）、市川崑（一九一五―二〇〇八）、小林正樹（一九一六―一九九六）といった人たちがつづく。かれらも、武満徹にとってはずっと上の世代だ。対して、中平康（一九二六―一九七八）、今村昌平（一九二六―二〇〇六）、勅使河原宏（一九二七―二〇〇一）から羽仁進（一九二八―）、篠田正浩（一九三一―）、松本俊夫（一九三二―二〇一七）、大島渚（一九三二―二〇一三）、吉田喜重（一九三三―）、恩地日出男（一九三三―）あたりまでは、同世代、せいぜい先輩といった位置。その下ではどうか。じぶんより一〇年、あるいはひとまわり以上年下の映画監督とのしごとは、柳町光男（一九四五―）、くらい。また、唯一ハリウッドで『ライジング・サン』（一九九三年）を撮ったフィリップ・カウフマンは一九三六年生まれ。逆に、では、誰と組まなかったかをみてみるのも一興ではある。世代がすこし上の溝口健二や小津安二郎、つねにやりたいとおもっていたのにきっかけがなかった鈴木清順……。

生まれがちかいところで映画監督をみまわしてみると、まず一九三〇年生まれで共通するのはクリント・イーストウッドとジャン゠リュック・ゴダール。それからジャック・ドゥミ（一九三一―一九九〇）、フランソワ・トリュフォー（一九三二―一九八四）といったヌーヴェル・ヴァーグ世代がつづく。武満徹が愛し、一九八七年に没した旧ソ連出身のアンドレイ・タルコフスキーもトリュフォーとおなじ一九三二年の生まれ。すこしはなれて、フランシス・フォード・コッポラ（一九三九―）、ブライアン・デ・パルマ（一九四〇―）、ヴィクトル・エリセ（一九四〇―）、ダニエル・シュミット（一九四一―二〇〇六）、ベルナルド・ベルトリッチ（一九四一―二〇一八）となるが、スティーヴン・スピルバーグ（一九四七―）ではもう随分年下になる。

もうひとつ、同時代、映画の音楽を手掛けている作曲家をみてみる。ミクロス・ローザ（一九〇七―一九九五）、ニーノ・ロータ（一九一一―一九七九）、バーナード・ハーマン（一九一一―一九七五）。このあたりは年長格で、武満徹じしんが映画の音楽を学ぶうえでおそらくは参考にした人たち。世代がちかくなってくると、ヘンリー・マンシーニ（一九二四―一九九四）、ジョルジュ・ドルリュー（一九二五―一九九二）、エンニオ・モリコーネ（一九二八―二〇二〇）、バート・バカラック（一九二八―）、クシシュトフ・コメダ（一九三一―一九六九）、ジョン・ウィリアムズ（一九三二―）、ミシェル・ルグラン（一九三二―二〇一九）、カルロス・ダレッシオ（一九三五―一九九二）といったところが挙げられる。日本における早坂文雄（一九一四―一九五五）、伊福部昭（一九一四―二〇〇六）、芥川也寸志（一九二五―一九八九）、黛敏郎（一九二九―一九九七）、佐藤勝（一九二八―一九九九）、林光（一九三一―二〇一二）らははずすわけにはいかない。

武満徹がはじめて映画の音楽を手掛けたのは一九五二年、瀧口修造の構成・脚本による

『北斎』とされる。完成をみなかったがゆえに「幻」であり、データ的に残されるものでしかないが。一般公開される映画としては、一九五六年、佐藤勝と連名の、あまりに有名な、石原裕次郎主演『狂った果実』。「もはや戦後ではない」との文言が経済白書に登場し、徐々に高度成長期へと移行してゆく。欧米ではこの時期、『七年目の浮気』『暴力教室』（一九五五年）、『知りすぎていた男』『十戒』『禁断の惑星』（一九五六年）、『戦場にかける橋』『絹の靴下』『カビリアの夜』『地下水道』（一九五七年）が公開されている。歴史もの、ＳＦ、ミュージカル、ミステリー、社会派、映画の多様さがこれだけ挙げてもつかめる。

そもそも武満徹はどのような映画ジャンルに特化するかというようなことがない。時代劇があり現代劇があり、既存曲ではあるが、アニメーションだってある。携わっている映画の数が物理的に多いのだから多様なのはあたりまえだというのは容易だ。好奇心？　たしかにそうだ。同時に、第二次世界大戦が終結を迎え、あらゆることがアナーキーな状態になっているところからあらためて再建をはかっていこうとした一九四〇年代から一九七〇年代半ばころまで、ジャンルとか職制とかいったものは、現在の二一世紀のようには整理されていなかったし、そんなことをやっている余裕もなかった。だからこそ、先に述べたように、音響と音楽のしごとも地つづきのなかでおこなわれ、それが映画全体でのサウンドの方向性をある程度でも統御できた。

もちろん、映画音楽は、独立した楽曲としても鑑賞に耐え得るだけの、質的にも高いものであるにこしたことはないが、それ以上に映画音楽の重要さは、音楽が映画全体のなかでどのように演出され、使われるかということだ。そのために、音楽の扱いには、常に、冷静さと抑制を失ってはならない筈だ。だが少なからず最近の映画音楽は、抑制を欠いた、無神経なものが多い。こけ脅しの誇張や説明過剰が概《おおむ》ねであり、観衆の想像力を少しも尊重することがない。また、いつの間にか観衆もそれに馴らされてしまっている。（「映画音楽　音を削る大切さ」）

一九九三年三月に書かれた文章で、ハリウッドで『ライジング・サン』のしごとをした後でのもの。最近は映画音楽が抑制を欠き、無神経だったりするものばかりかというと、かならずしも肯定はできない。とくに、一九九〇年代半ばをすぎて徐々に日本にも知られるようになる非西洋圏の映画、東アジアの作品や、あるいはイランなどのデリケートな作品には、あてはまらないかもしれない。だが、それはべつのはなしだ。

引用した文章の後で、ハリウッドの映画人にむけてじぶんなりの映画音楽の方法論を語り、アメリカ映画人たちは発想の違いに興味を抱いたとつづく。そこで述べられたのは、武満徹の映画についての考えとしてはよく知られている、観客の想像力に訴えること、「映画に音楽を付け加えるというより、映画から音を削るということの方を大事に考えている」ということだった。さらに、結局はじめに考えていたのとは異なって、かなりのページ数のオーケストラ・スコアを書いたこと、それでいてみずからの考えに反したことをしてしまったという意識より爽快感さえ抱いたこと、それはほかでもない、「自分とはまるで違った考え方や感じ方のひとたちと、一緒に、夢を紡ぐことの面白さが、とても貴重なものに思われ」たからという。

私が映画の仕事を続けているのは、すぐれた映画監督と協力するためです。彼らと仕事をすると新しい事柄を発見します。単なる技術上の仕事ではないのです。(「シネ・ジャップによるインタヴュー」)

ここに、映画ファンとしての武満徹、映画の音楽をつくったり、考えたりする以上に、いや、そうしたことをする以前に映画を愛するものとしての武満徹の姿勢がある。多くの作曲家とはそこが異なっている。映画のしごとが来る。頼まれたからやる。それだけではない。積極的に、携わる多くの人たちと一緒に映画をつくってゆくとは、すなわち、新しい事柄が発見でき、複数の他者たちが交わすことばの、思考のポリフォニーに参加するのが楽しいからだ。コンサート用作品の作曲家としての武満徹も、何らかの特定の演奏家がいて、そのひとのヴィルテュオジテやキャラクター、音色や思考と出会って、新しい作品を発想し、つくりだしてゆく。おなじことがコンサートや企画や映画の制作でもあった。コラボレーションの場としての映画が、武満徹をコンサートの作曲とはべつのかたちで活性化した。

こうした志向は、実現されなかったオペラへとつながってゆく。武満徹が構想したオペラとは映画もとりこむようなものであったと、すくなくともはじめの時点では言われていた。

☆

最後に、蓮實重彥との対談のなかで武満徹が述べていることばを引いておく。

映画の音楽をやっていて、ダヴィングとミキサージュにずっとつき合うでしょう。それが最後の仕上げということになるんですが、その時ぼくたちは、サウンド・エフェクトの人にしても録音技師も、映画館での音というものを考えてるんですよ。映画館でどういうふうに鳴るべきかを考えてやっているわけです。(…)ぼくは、作る時は、絶対に一音だって映画館で聞こえるようにと思うわけです。もちろん映画館の空間は、スタジオに比べたら、ノイズも当然大きいですけれど、これは聞こえて欲しいと、いつもみんなそれを考えてやっているんです。(『シネマの快楽』)

武満徹は、「ですから、ぼくは映画館で観ないとイヤなんですね。映画館で観ないと、わからない時があるんです」とつづける。いま、『武満徹全集』の、「映画音楽」という巻には多くの音源が、映画作品とは切り離されたかたちで収められている。このことは、作曲家としての武満徹をとらえる妨げになるものではない。映像が不可避的にそこにある映画に接するとき、ひとはいつのまにか目の前に展開することども、イメージにひきずられてしまう。映像とともに、ではなく、ここでは、ひとたび、武満徹の映画の音楽を画面から切り離したかたちで、故意に「耳をかたむける」「聴く」ことに徹してコンサート用作品とのひびきの同質性・差異性をはかってみる。そうした機会ととらえるべきか。

アリスに寄りそう音楽

その日に放送されるのをなぜ知っていたのか、たまたまラジオをつけたときじきに放送があると知ってあわててテープを用意したのか、新聞か雑誌の番組欄にていねいに予告されていたのか、記憶にない。手元に、録音したカセット・テープはある。手持ちの、音のわるい、最後にながれる音楽は切れてしまっているテープ。これだけしか、聴きかえすすべはなかった。すくなくとも二一世紀の一〇年くらいはそうだった。その間、三〇年ほど。でも、いまはYouTubeにあがっているのだ。瞬間、ではあるが、呆然、である。これがいいことなのかどうか、いいことにはちがいないのだが、どこか釈然としないおもいもないではない。どこかで、吝嗇《りんしょく》なのだろう、こっそりと隠し持っておきたいという気があるのだ、きっと。地下鉄なのだから、おもてにはみえないどこか、で。

『地下鉄のアリス』は一九七七年三月二一日、ＮＨＫ－ＦＭで放送された別役実のラジオ・ドラマで、音楽は武満徹、演出は平野敦子。同年のイタリア賞参加作品。別役実にはほかにもステレオドラマ、というか、ラジオ・ドラマがあるようだが、聴いたことはない。

　ラジオ・ドラマは何度も聴きかえされるものではない。なかった、と過去形でいうべきか。簡便なテープができ、放送されたものを録音できるようになりはした。だが、放送局でもまた、かつてはこうした放送を一過性のものとしてみなしているようだったし、放送局は録音しておいても外にだしてくれる機会はそうそうない。たまたま耳にできたなら幸い、聴きのがしたら残念、というほかなかった。ラジオが、映画が、テレビに食われてしまう趨勢のなか、たとえば三谷幸喜の『ラヂオの時間』は、一九九三年に舞台、一九九七年に映画化され、すでにラジオ・ドラマがあまり知られなくなった時代に、現場をおもしろおかしく描いた作品としてあらわれた。三谷幸喜にはラジオで「聴く」ドラマになつかしさがあったのだったか。これさえもすでに前世紀のものになってしまっているが。

『地下鉄のアリス』を聴いて、感じたもの、考えたものは多い。再放送はあった、らしい。でも、一度きりしか、ラジオからは聴いていない。放送局で録音はされている（かもしれない）し、再放送もまた、ありえないとはいえない。でも、やはり、ないかもしれない。そもそも、オリジナル・テープが残っているのかどうか、知らない。

　ネット上でドラマに出演していた声を、誰のもの、とたしかめることができる。主役の一組は岡田英次とりりィ、もう一組は瀬川哲也、加藤健一。ほかに若宮大祐《だいゆう》、新村礼子、風間杜夫、大竹まこと、堀礼文《ほりれもん》、ほか。いまおもえば、主役でなくとも、あ、こんなひとが、という名がある。岡田英次は高名な役者で、わたしにとってはマルグリット・デュラス／アラン・レネの『ヒロシマ・モナムール（邦題「二十四時間の情事」）』の印象がつよい。りりィは歌手。ハスキーな声で、この時期、《わたしは泣いています》《家へおいでよ》で人気があった。エレクトリック・ギターを抱えた姿は凛々しかった。ドラマのなかでも、この声が、「アリス」の存在感をつくっている。「地下鉄迷子」としてのアリスとともに、しもたやで寝こんでいる女の子の二役で。

☆

ストーリーは、「わたし」と名のる男性が、地下鉄のなかでどう過ごしているかを語る。

私は地下鉄に乗る。私はこれまで幾度か地下鉄に乗った。私は恰も平然と、薄暗い後部座席に坐っていたりする。或いはさり気なく、入口に近い吊革につかまって新聞を読んでいたりする。隣に坐った男の読んでいる雑誌を黙ってのぞきこんでみたこともあるし、まわってきた車掌に何気なく乗越しを請求してみたこともあるし、大胆にも、所在なさそうな中年の女とその日のお天気について話をしたことだって、ないわけじゃない。

私はいつ、どんな時に地下鉄に乗っても「場はずれもの」というそしりを受けない。誰もが「そうだ」と思い、「その通りだ」と確信し、万が一にも「もしかしたら……?」などという疑念をさしはさまない。それほどに、私は地下鉄に「溶け込んで」いる。ほとんど私自身が、地下鉄そのものなのではないかと、時々考えるくらいである。

途中、いくつか、誰ともしれない相手との会話も挿入される。ひとつには、落としものをしたひとに知らせるシーンが。

——もしもし、

——え?

——何か落ちましたよ。

——あ、ありがとう。

このあと、ちょっとした会話があってのち、「私」があるゲームをしているとの告白がはじまる。その会話、もう一組の男たちのひとりの声との。

――みましたか、いまの女の子?

――なんだい。

――いまそこで話してたじゃないですか。間違いありません。地下鉄迷子ですよ。

語られるのは、ていねいに説明されはするものの、よくわからないゲーム。この男性にとってはちゃんと勝敗があって、ときに勝ち、ときに負ける。負けたときには体調が悪くなり、つぎの駅でまわりのひとたちから介抱されたりする。たまたま負け、駅のベンチで休んでいると、女の子が声をかけてくる。さっきの落としものを伝えた相手の声、りりィの声だが、「私」はそれがさっきの相手だと気づいたようではないし、ましてや、「地下鉄迷子」と呼ばれた子だと気づいてはいない。いないようにみえる。

女の子は行くべきところがあるという。そこを二人で探す。

地下鉄のなかでなく、駅で、駅の構内、なのだろう。駅だが、駅いじょうのものであり、ストーリーが進んでゆくにつれ、カフカ的とでもいうか、どこにいるのかわかっているようでわかっていない、わかっているのにぐるぐるしてゆく。

男とアリスの二人組の一方で、もうひとつ、男性二人組がいる。さっき「地下鉄迷子」と呼んだ声の中年と新たに出会った若者で、こちらも地下鉄の構内で、だ。中年は「アリス」

に、病気の娘がいることを伝えたと若者にいう。アリスは娘を見舞いにいくというから、行き先を教えた。だが、どこか、行ってほしくないとのおもいから、ひとつ前の駅の名を言ってしまった。うしろめたく感じて、いま、アリスを探している。

中年男の――なのだろう、しもたやでの、家での、男のつれあい――つまり病気の女の子の母と、娘との会話から引く。

――暗いねえ、電気点けようか。

――いいわ、このほうが星見えて。

――今日もお父さん来てくれなかった。

ふたつの二人組《カップル》は、それぞれに地下鉄構内にいる。構内を彷徨っている。地下鉄にはさまざまな秘密がある。とくに秘密とはいわれないものの、それが小出しに明かされ、また、さらなる謎を導きだす。

このラジオ・ドラマのなかで名があるのは、「アリス」のみ。それさえも、「みんなそう呼ぶわ」と本人がいうからにすぎない。劇作家の評伝『風の演劇　評伝別役実』（白水社）を著した内田洋一のことばを借りるなら、別役実が固有名を人物にもたせるひとつのきっかけはアリス――「アリスもの」と呼ばれる――だった。「否定していたはずの物語性を受けいれ、むしろ取り入れようとした」(「言葉の戦術」)、と。

ストーリーについてこれいじょう述べることは控えよう。詳しいことは実際にYouTubeを聴いていただくほうがいい。こみいって輻輳しているさまを簡潔に記すのは手にあまる。

舞台では実現するのができそうにない空間的なひろがりが、音=声だけのラジオ・ドラマでは可能になる。地下鉄、地下鉄構内といった音の反響する場所の特性が生かされ、わりあいとしてはけっして多くはないものの、地上のしもたやの様子とコントラストをなす。

語っている岡田英次の声のまわりにもいろいろな音がしている。ごーっという音、通過する音、地下鉄がホームにはいってくる音、靴音。声は右から、左から、こっちから、むこうからやってくる。ステレオで。

☆

『地下鉄のアリス』は、別役実のかならずしも多くはない短篇小説のひとつ、『地下鉄』の発展系とみることができる。冒頭はごくごく小さく改変されているいがい、おなじだ。先に引いた文字たちは、ラジオ・ドラマの台本から引いたのでも、テープやネットで再生されたのを書きとったのでもない。小説から引いている。だから、ほんのわずかではあるが、小説の（一）にあたる部分とは違いがある。

『地下鉄』は雑誌「海」――一九六九年七月に創刊、一九八五年五月に終刊――に一九七二（昭和四七）年に掲載され、後にほかの二篇とともに単行本『象は死刑』に収録、大和書房から一九七三年三月に刊行された。単行本にはほかに二篇収録されていて、『象は死刑』――関係があるのかないのかわからないが、山上たつひこの一世を風靡したマンガ『ガキでか』の主人公こまわりくんは「死刑！」「アフリカ象が好き！」とキメのポーズをとるのを常とした――は「現代詩手帖」一九七〇（昭和四五）年に二度に分けて掲載、『電車も病気あなたも病気』は「話の特集」に翌一九七一（昭和四六）年にやはり分載されている。これらが書かれた一九七〇年代前半は、一九六〇年代末の学生運動が（いちおう）終息し、大阪万国博覧会が開催され、その直後、という時期にあたる。一九七三年には第一次オイルショックがあったこともつけ加えておこうか。

短篇『地下鉄』ははじめこそラジオ・ドラマとおなじだが、次第に隔たりをつくってゆき、べつのストーリーを紡ぎだしてゆく。いや、短篇のほうが先に書かれたのだから、ラジオ・ドラマのほうがべつのストーリーをと言ったほうが正しいだろう。また、もうひとつ、短篇『地下鉄』とラジオ・ドラマ『地下鉄のアリス』とが交差するポイントがある。それぞれのストーリーが、共通しながらべつのかたちをとる重要なポイント。小説原文の（六）から引く。

或る時私は、首都の地下鉄が完成したという、うわさを訊いた。もちろん、はっきりしたものではない。完成するらしいよと言ったのか、完成したらしいよと言ったのか、遂に完成したよと言ったのか、その辺がどうもあいまいなのである。(…)

私は街の人混みの中を歩きながら、ひとりさり気なくつぶやいてみた。

「地下鉄が完成されたんだって……?」

しばらくは何の反応もなかった。誰も何も言わなかった。それは風に吸い込まれて消える吐息のように、何の手がかりも得ないまま何処かへ行ってしまったのだ。しかし私は何度もつぶやいた。つぶやきの上につぶやきを重ねあわせていった。

「地下鉄が完成されたんだって……?」

「地下鉄が完成した」という「うわさ」。都市でのことばのあり方、どこから来て、どこへゆくのか、よくわからない。ことばがことばを呼び、変形し、伝染してゆく「うわさ」。しもたやで寝ている娘がいると、その場所がどこかとことばで伝えられたアリス。地下鉄が完成したと耳にして動揺する男。まちがったことを教えてしまったと悩む男と、そのことばをうけながら同行する若い男。

短篇とラジオ・ドラマと、それぞれに「地下鉄の完成」が紡ぎだすものは異なっている。ストーリーを追ってゆくのはとてもおもしろいし意味があるとおもうが、その方向にすすむのはあきらめなければならない。中心にすべきはあくまで『地下鉄のアリス』であり、そこにひびいている音楽に、わずかにでも、ふれることだから。

アリスと一緒にいる男が、「地下鉄の完成」について広報課に問い合わせる。と、「うわさ」についての分析がおこなわれるというのだ。電話は録音され、分析される、と。広報課とおとことの会話のシーンでは、ところどころにテープの逆回しの音が、あるいは、ひとつの声に遅れて、おなじ声が遅延してはいってくる。広報課のおとこは、尋ねられることに対して愛想はいいしあかるいのだが、ほとんど肩すかしをくわせるようなことしか言わない。しまいにはこたえは問いのなかにある、とどこかできいたような、ある意味では紋切り型を発する。このあたりは短篇『地下鉄』とほぼおなじ（わずかに変えられたり、省略されたりしているところはある）だから、そこから引く。

「私共広報課というのは、地下鉄についての事実をお教えするところではありません。むしろ地下鉄についての事実を、調査するところなんです。何故なら私共は、みなさん以上に地下鉄について知る必要があるからなんです。ともかく首都地下鉄公団というのはそちらではなく、こちらなんですからね。テープレコーダーを使ってみなさんの質問を分析するのもそのためです。つまり質問の中にこそ答えがあるというのが、私共の思想なんです。いいですか、どうか驚かないで下さい、現在首都地下鉄公団広報課の主たる任務は、みなさんの質問を分析することにより、地下鉄が完成したかどうかを判断することにあるんです。」

「首都」が東京をさすとするなら、東京では銀座線のみが戦前に開通、以後はすべて戦後の開通だ。丸ノ内線、日比谷線、東西線、千代田線、ここまでが一九六〇年代、つづいて有楽町線と半蔵門線が一九七〇年代で、それぞれ一九七四年と一九七八年に、部分的ではあるけれども、開通。ドラマのなかで「地下鉄の完成」を予感する自動販売機のシステムはといえば、現実には一九六〇年代から一九七〇年代にかけて普及した。わたしじしんは小学校の頃から地下鉄で通学していたが、定期で通ういがいに、しばしば窓口でキップを買ったから、路線や駅によっても違ったかもしれないけれど、ほぼ一致する。

他方、アリスを探す中年と若者のふたりはといえば、途中でピンボールをやったり、たぶんうどんかそばなのだろう、麺をすすって腹を満たす。そうしたことはすべて音から判断できる――いや、麺だろうと勝手にわたしがおもっているだけなのかもしれないけれど。そして、アリスがどうにかなってしまったのではないかという危惧から、そっと小さな声で、男たちが「アリスがどうかしたのかい」と囁くと、声はエコーをともなって、地下をひびいてゆく。

☆

ドラマのはなしばかりが先にたってしまったが、ラジオ・ドラマは音によって成りたつ。『地下鉄のアリス』では武満徹が音楽を担当している。冒頭でも記したとおりだ。音響的な効果はさまざまにある。音楽はといえば、だが、さほど多くひびくわけではない。映画の音楽を担当する際にも、いたずらに多くの音楽をつかう傾向に対して、武満徹はつねに注意深かったし、「音を削る」ことを大切に考えていた。

ハリウッドでショーン・コネリー主演の『ライジング・サン』のしごとをしてきたあと、武満徹は「映画音楽　音を削る大切さ」という文章を書いている。そのなかで、みずからの映画音楽への考えをわざと括弧にくくって要約しているところがある。そのまま引用してみよう。

「時に、無音のラッシュ（未編集の撮影済みフィルム）から、私に、音楽や響きが聴こえてくることがある。観る側の想像力に激しく迫ってくるような、濃い内容《コンテンツ》を秘めた豊かな映像《イメージ》に対して、さらに音楽で厚化粧をほどこすのは良いことではないだろう。観客のひとりひとりに、元々その映画に聴こえている純粋な響きを伝えるために、幾分それを扶《たす》けるおのとして音楽を挿《い》れる。むしろ、私は、映画に音楽を付け加えるというより、映画から音を削るということの方を大事に考えている」

ひびくときには、セリフとかさなるときでも、かさならずに音楽が単独でも、はっきりと存在感を生む。その存在感はかならずしもストーリーの方向性を指し示すものではないし、ある雰囲気をつくりだしはしても、それがどういう意味でどういう効果を結果的に導きだすかは多義的である。

スピーディにではなく、ひとつずつたしかめるように、ある音程を下から上にむけてかさねてゆく。高音からすこし金属的な音色で下降してくる音階、というより、旋法。こうした抽象的な音のうごきとはべつに、とても甘美に奏でられるメロディがある。このサクソフォンのメロディは、武満徹が愛したオットー・プレミンジャーの映画『ローラ殺人事件』（一九四四年）の、デヴィッド・ラクシンの手によるテーマを想いださせないか。別役実のきわめてリアリスティックな、というのはつまり、ことばのうえ、対話のロジックはどこかでいつのまにかよじれはするのに、部分部分は妙に明快なイメージをもったテクスト、ことばの群れに、武満徹はコンサート用の作品ではほどこすことのない、おそらくはスタジオでの録音に何らかの音響的な処理によって、夢幻のヴェールをかぶせ、それがすべてではなく、部分部分であるがゆえに、みごとな音楽のあるなしのコントラストをつける。さまざまな楽器がつかわれる。サクソフォン、マリンバ、ヴィブラフォン、アコーディオン、弦、金管……これらは同時に、トゥッティでひびくことはない。小編成の組みあわせを、いくつも用意して、ところどころでひびかせる。ある意味、とても贅沢な。

『地下鉄のアリス』が放送された時期、武満徹は《カトレーン》(一九七五年)、《マージナリア》《ブライス》《ウェイヴス》(一九七六年)、《鳥は星形の庭に降りる》《カトレーンⅡ》(一九七七年)といったコンサート作品を、映画の音楽としては『はなれ瞽女おりん』(一九七七年)を手掛けている。《カトレーン》は、それまで「前衛」と呼ばれてきた作曲家が、広い意味での調的なひびきをとりいれるようになった作品として知られる。前衛と呼ばれた時期から、前衛に身をおく、前衛をあまり意識しないところにみずからの位置を移行させていた。そんなふうにみえなくもない。

武満徹のスコアとはべつに、『地下鉄のアリス』には、いくつかの音楽があらわれる。

たとえば。船乗りになりたかった男のとおい、かすかな歌声（なんとなく、東京オペラシティ、地下一階の野外広場、サンクンガーデンにあるジョナサン・ボロフスキー『シンギング・マン』の歌声を連想させる）。

たとえば。アリスが口ずさむ童謡《赤い鳥小鳥》。

たとえば。「地下鉄が完成した」という式典でブラスバンドが演奏する《聖者が街にやってくる》。

別役実はときにちょっとした「うた」をタイトルに、劇中にもちいた。ちょっとした「うた」というのも奇妙な言い方だが、唱歌、童謡、あそびうた、あるときは何らかの曲のタイトルといったもの、か。

内田洋一は別役実評伝『風の演劇』（白水社）で、『あーぶうたった、にぃたった』（一九七六年）でわらべうたが歌われることにふれたのち、こんなふうに記す。

詩人の資質をもつ別役はこの時期以降、唱歌の一節や慣用句をしばしば題名にとりこむことになる。それは言葉の実在感、響きの触感それ自体を劇の機動力にするためであった。劇団側が宣伝のため早めに題名を欲したという実際的理由もあったのだが、先に決めた題の語感が劇の内容を導くこともあった。スケッチブックにデッサンを描きためるように気に入った歌やことわざがメモとしてストックされ、そのつど直観的に選び出される。それらの言葉の質感が別役実式自動筆記の、あの「手」を動かしたのである。自身で論述しているように、言葉は意味というより、絵画的なフォルムなのだった。（第八章「喜劇の精神」）

ラジオ・ドラマのなかでの唯一の固有名「アリス」も、一九七〇年の『不思議の国のアリス』いらい、何度も別役作品に登場している。読み手や聴き手、観客はたしかにルイス・キャロルを否応なく連想しかさねたりはするだろう。キャロルと交差しながらすぐさまべつのところへと逃げ去ってゆく。「意味というより、絵画的なフォルム」なのかもしれない。さらに「アリス」という音、ひびきの不思議さ、母音ならば「a－i－u」の、子音なら「l」と「s」のなめらかさが、別役実作品にあらわれる「アリス」なる人物に共鳴しているとみてとれはするものの、それはまたべつのはなし。それでいて、ラジオ・ドラマの最後、しもたやで寝こんでいる女の子が夜、外をみて、母に言うことばはどうか。この音、この名でこそのものではないか、どうか。

――ねえ見て！　地下鉄が火を吹いて空を飛ぶわ。

——本当に。何てきれい。

——アリース！

最後の「アリース！」という声は、岡田英次の、つまり冒頭からずっと、ひとり語りをし、アリスと、そのほかのひとたちとことばを交わす人物のものだ。

☆

武満徹にとってラジオ・ドラマはどんなものだったのだろう。残念ながら、わたしが聴いたのは『地下鉄のアリス』だけだ。ドラマのなかで音楽は抑制されているが、音楽そのものは甘美で、艶《つや》めいてさえいる。音のみでなりたつラジオ・ドラマで、音楽は部分的なものかもしれないが、逆に音のみであることによって、すべてを音楽作品としてとらえられるかもしれない、とおもったりする。この列島のことばを解さないひとが聴くなら、ひとの声があり、具体音があり、楽器による音楽がある、そうした音響絵巻、いや、テープ音楽になっていたのではないか。武満徹が担当したのは音楽のみの部分かもしれない。そのうえで、全体がひとつの、いま記したことばでいえば、音響絵巻、音響作品、いうふうに。それは、映画と音・音楽とを結びつけるのとは、視覚がないぶん、また異なったものだったろう。音響絵巻、音響作品としてのラジオ・ドラマ——そんなことをまた考えてみる機会があるといい。

目と手と

『これは本ではない』という「本」がある。いうまでもなく、ルネ・マグリットのタブロー、あるいは、マグリットの絵をもとにしたミシェル・フーコーの一著をふまえている。編者は清水徹、発行者は白倉敬彦。エディシオン・エパーヴの「叢書エパーヴ3」とある。なかにはマラルメ、ドゥルーズ、ビュトール、ボルヘス、あるいは「エジプトの物語」などなどの断片的な引用と、美術作品の写真があるばかり。

一九七五年に西村画廊でおこなわれた「本・オブジェ」展のカタログだ。行ったわけではない。これを手にいれたころは律儀にもちょこっと書きこんでいて、池袋東武デパートの古書市で、一九八二年一〇月一日、四〇〇円で、とみえる。記憶はない。「エディシオン・エパーヴ」で、師事していた先生のひとり、いまは恩師と呼んでもいる方は本二冊刊行されていた。この「本ではない」本と、先生の本はおなじ判型だったし、親しんでいる美術家や詩人の名がならび、しかも安価だったので、迷わず手にいれた。

展覧会に展示され、カタログ『これは本ではない』の冒頭に収録されているのは「漂流物標本函」。「はこ」はタテヨコ三列、九つに区切られている。大きさは三三・〇×三三・〇×五・八。いまならボックス・アートと呼べるもので、小部屋（？）は岡崎和郎、武満徹、中西夏之、野中ユリ、瀧口修造、荒川修作＋マドリン・ギンズ、赤瀬川原平、加納光於、多田美波の面々がオブジェを持ち寄っている。没後一〇年、二〇〇六年、東京オペラシティ・アートギャラリーでおこなわれた『武満徹 Visions in Time』でも展示されたし、「芸術新潮」誌での特集「はじめての武満徹」にも掲載されているから、目にしているひとも多いはず。現在は国立国際美術館に収蔵されている。

構想、企画は、宮川さんとの話し合いから出たものだった。私が、岩石標本を始め、昔から標本函が好きだといったことから、それじゃあ、社名の漂流物（エパーヴ）を付けて、各作家のところに流れ着いた作品ならざるものを集めて標本函にしようということになった。作品以外のものを集めて、作品にしてしまおうというのである。基本的には瀧口修造へのオマージュになろう。

作品カタログに書いた宮川さんの文章のタイトルは、「ÉTALAGE（陳列窓）夢の方陣、あるいは携帯用星座」というもので、よくそのコンセプトを表わしている。それはまさに、十センチ四方の九つの陳列棚でもあった。

白倉敬彦『夢の漂流物《エパーヴ》　私の70年代』（みすず書房）の「瀧口修造のこと」から引いた。展覧会の仕掛人、本ではない本をつくった人物であり、わたしの師——そういわれるのはいやかもしれないが——の本をつくった人物の著書である。「宮川さん」とは、美術史家であり思想家であると呼びたい宮川淳。この人物もエディシオン・エパーヴから名著『紙片と眼差とのあいだに』を刊行している。

『これは本ではない』の、「漂流物標本函」が掲載されているページの反対側には、

ÉTALAGE

夢の方陣、あるいは携帯用星座

とあるが——わざわざこう記したのは、先の引用にていねいにÉTALAGEの訳語が括弧にはいっているのと、行分けがなされていないから——、文章のほうには署名がない。『夢の漂流物《エパーヴ》』の刊行は二〇〇六年だが、それまで、この文章を誰が書いたのかずっと知らずにいたので、ようやく永年の疑問が氷解した。

「小部屋」の作者のなか、美術家でないのは唯一、武満徹である。白倉敬彦は、これに参加する作家の人選はほとんどじぶんが決めたこと、「瀧口さんからは、わざと意見を訊かなかった」。瀧口修造はといえば、タテヨコ九つのなか、ちょうど中央に位置し、不完全なモナリザが斜めに、卵形のかたちにおさまっている（右下にアルファベットで文字がみえる。わたしが読みとれるのはあとのほう、1974 TOKYOくらいだ）。

瀧口修造の真上に位置するのが武満徹の、である。こちらの棚にあるのは大小の瓶。どちらもコルクがはまっている。大きいほうが中央、小さいほうがすこしはなれて右側にあり、どちらも「empty」と書かれているのだが、瓶をとおして、木の函に記されている文字がみえる。おそらく、「echo of emptiness」。それぞれの瓶には液体がはいっている。だが、大きいほうではほぼ半分くらい、そして表面張力になっていないような、むしろへこんで、小さいほうは上のほうに空気がはいっているようにみえる。正確にはわからない。『これは本ではない』の白黒写真ではコルクの蓋となかみのあいだには隙がないようにみえるが、『武満徹 Visions in Time』カタログと「芸術新潮」のカラー写真では、あきらかに液体はずっと少ない。何十年も経つうちに、液体は揮発してしまったのだろうか。

ここで白倉敬彦はといえば、「武満徹の作品は、武満さんから見本をもらい、私たち（白倉、内田芳孝、平野民子）で作った。瀧口さんのモナリザのハンカチーフの台座も、大変でしょうからと、作って差し上げた。たしか、そのモナリザのハンカチーフは、前年九月にフィラデルフィア美術館で開催されたマルセル・デュシャンの大回顧展に行かれた記念のお土産として買い求められたものだった」と記している。こうした経緯は当事者でなければわからない。その意味では貴重な証言を読めたと言っていい。その他についても記されているが、ここでは省略しよう。

「漂流物標本函」はそれなりに親しんでいる。それぞれの作家の姿勢が、これだけのものなのに、何か感じられるようにも感じたし、何かを読みとらなくてはならないような気になったりもした。武満徹の瓶についてなら、文字の「empty」は、なんとなく、ジョン・ケージっぽいとかおもったし、赤瀬川原平の「宇宙のかんづめ」を想起したりした。でも、瓶の液体については、正直、大して気にしたことはなかった。ましてや、時が経つにつれて、減っているかもしれない、などとはおもってもみなかった。ほかの作家たちの小部屋で、経年変化しそうなものはない。いや、武満徹じしんも、予想しなかったとはおもうが、まったく偶然、液体は減っている。ひとつの集合的な作品のなかで、これだけが変化し、それがわかる。しかも武満徹がみずからの手ではなく、見本はもらっていても、ほかのひとたちがつくった、というところも考えあわせると、どうか。ほかの美術家のあいだで唯一音楽に、変化するものにたずさわる芸術家が、みずからの手でつくったものではなく、あくまで見本のみを示し、ほかのひとの手が「画」におかれるものをつくっている、つまり、「演奏＝解釈」しているのだとしたら。いや、まったくの見当違いかもしれない。それでも、個人的に、わたしは、これをおもしろいとおもわずにはいられないのだ。

☆

武満徹には美術や美術家をめぐるエッセイがあり、美術家との交友もあった。

一九八四年だったとおもう、軽井沢高輪美術館でおこなわれた中西夏之展のオープニングで、中西夏之、池田龍雄らといた武満徹に声をかけてもらって、居酒屋に行った。そのときは哲学を学んでいた澤田直といっしょで、ちょうどカタルーニャ語の詩を訳していた――のちに『カタルーニャ現代詩15人集』(思潮社)になる――畏友は、作曲家に、最近カタルーニャのメロディをつかったと教えてもらった。それが《虹へ向かって、パルマ》だったと知るのはかなり先のことになるのだったが。このタイトルは、ジョアン・ミロの作品に由来する。瀧口修造は世界ではじめてこの画家についての本を書いた。数小節書いたところでいのちが尽きてしまった作品は、《ミロの彫刻のように》と題されていた。

☆

一九九三年一一月、神保町の文房堂ギャラリーで『武満徹展　眼と耳のために』。まだ文章を書くなんてほとんどしていなかった時期だったが、オープニングに足をはこんだ。カタログがどこかにあるはずだが、みつからない。そのとき、作曲家による視覚的な「作品」をまとめてみたようにおもう。

楽譜とは視覚的なメディアだ。音という、手にすることができないものを、なんとか残そうとするかたちが、楽譜だ。ことばで、というのももちろんある。口伝で、オノマトペのように、というのだってあるし、楽器のどこをどう押さえるかというのだってある。五線譜が一般化しているけれど、あくまでひとつのやり方にすぎない。いや、西洋的な音楽の発想を伝えるには便利だが、こぼれおちるものはある。五線譜になる前に、ネウマがあり、タブラチュアがあり、アジアではアジアでのやり方があった。大事なのは、いま、ここにない音をどうたぐりよせるか、どう音を介さずに音を伝えるか、そのしかたを記すこと。そしてそれは、目を、視覚を必要とする。見ることはなぜ眼差しをへるのか、と書いた宮川淳をもじるなら、弾くことはなぜ眼差しをへるのか、だろうか。耳がきこえればいいはずなのに、目を介してしまうこと。弾くため、であると同時に、解釈するための楽譜。みて、読んで、解釈する。演奏＝解釈《アンテルプレタシオン》。楽譜は読まれるべきもの。

楽譜は音を発するための媒介、媒体なのであり、音がひびき、音楽がたちあがれば、なくてもいいもの、忘れられていいもの、であるはずだ。でも、そうかんたんにはいかない。音を探し、みいだすためにも、楽譜が必要になる。なることがある。操作するため、ちょっと手を加えるためにも。

楽譜を読まず、耳をたよりに音をひろい、弾くこともできる。そこで生じてくる変化・変形は、また解釈にはちがいない。だが、とりあえず記されている楽譜なるもの、この固定され変化しない——いちおうは——媒体を介していないがゆえに、解釈もまた、視覚をとおしてのとは違ってくる。ここで踏みこむようなことではないかもしれないが。

楽譜は、また、文字のようなものでもある。司修が、宇佐美圭司が武満徹の楽譜にやったように、ちょっと手を加えることで、視覚性が高まる。視覚性が増幅され、美術にちかくなる——こともある。

いまは図形楽譜を書く（描く）ひとはすくないのかもしれないが、『現代音楽の記譜』（エルハルト・カルコシュカ著、入野義朗訳、全音楽譜出版社）というような本には、さまざまな図形楽譜が掲載されていたし、なかには、美術作品としてみられるようなものも、実際、画家としての活動をしているようなひともいた。すこし古いが、カンディンスキーの作品では楽譜のようにみえるものも多々あった。ローマン・ハウベンシュトック゠ラマティのように図形楽譜による展覧会をおこなった人物もいる。ジョン・ケージが個々の作品に用いた図形楽譜の多彩さは言うまでもなく、さらに、独自のペインティングもつくられた。

かつて、ムナーリから『読めない本』を贈られた作曲家の武満徹は、打楽器奏者のための「ムナーリ・バイ・ムナーリ」を作曲している。霧のなかから不思議な音がとめどなくわきおこってくるようなイメージだ。最後は唐突に終わるのも、ムナーリの絵本らしい。（寺村摩耶子「ムナーリの『読めない本』と『読める本』」）

杉浦康平と《コロナ》でコラボレーションをおこなったり、ブルーノ・ムナーリからおくられた絵本をもとにひとつの楽譜にした武満徹。ただ、五線譜からはなれていったのはおそらく一時期にすぎない。一九六〇年代、だろう。ただ、ほんとうにそうなのか、どうか。《一柳慧のためのブルー・オーロラ》や《弧《アーク》》の部分も。

楽曲のスケッチのためのメモにもイラストのようなものがある。よく知られているのは、《鳥は星形の庭におりる》の鳥たちのスケッチ。ほかにもきっと知られていないものがいくらもあろう。曲として書きだすまえになんらかのかたちや文字・ことばをスケッチに記す、というのは本人も書いていた。《弧《アーク》》を説明する際に、日本庭園を図示してレクチャーがあったのも。

音から発想するのではなく、かたちから、視覚的なところから発想する。「音と香りは夕暮れの大気に舞う」？　共感覚？　いや、そんなものもここでもちだす必要はあるまい。音はそこにきている、きているのだけれど、それにどうしたらふれられるのか、それをさぐってみる、そうしたところで音符より前に、手が何かを描いている、ような。

☆

文字でない、何かの記号、といっても実はその源泉や所在の定かでないもの。はたから見れば苦しげな手の所業であろうが、眺められる手には、習性のかげに、ふと見慣れぬ姿態を垣間見ることがある。（「手が先、先が手」）

こう書いたのは瀧口修造だったが、武満徹も、音楽とかかわらない、ただ手の、目のたわむれとしての絵を描いた。あまりのこされていないようだが、ロラン・バルトののこしたものとも共通したものを感じることがある。

晩年、入院中に手元にあったスケッチブックには、いくつものレシピが記され、余白には、色鉛筆で食材が描かれていた。

6 作品

ソロとオーケストラによる三つの作品

《クロッシング》《弧《アーク》》《オリオンとプレアデス》——三つの楽曲を実演でお聴きになった経験を持つひとは、いま、どれだけおられよう。

没後一〇年にあたる二〇〇六年まで、亡くなった一九九六年以降、武満徹の作品の演奏会数は増えこそすれ、減ってはいなかった。CDの録音も多くおこなわれた。作品によっては、何人もの演奏家がとりあげ、録音していることとだってある。ただ残念なことに、ほとんど演奏されないままのものもある。これら三曲もそうしたものに属す。

大きく捉えると、《弧《アーク》》は一九六〇年代、《クロッシング》は一九七〇年代、《オリオンとプレアデス》は一九八〇年代。もっとも「前衛」的な試みをおこなっていた時期から、ひじょうにオープンな姿勢をとるようになる、円熟期の武満徹への変遷が見えてくる。

《クロッシング》も《弧《アーク》》も、レコードこそあったけれど、どちらも一種類にすぎなかった。一種類というのは、その演奏がいいのか悪いのかの判断も容易にはつけられないということだ。これらはコンサートのステージにかけられることも稀《まれ》だ。そもそも《クロッシング》は、大阪万国博・鉄鋼館という特殊な場のために作曲されたとの事実はあるにせよ、それをライヴで演奏したのは、二〇〇〇年一〇月のコンサートがはじめてだった。

レコードは、ごくふつうの聴き手にとって、ひとつのスタンダード、基準となることがある。何度もレコードを聴いて、質感に親しみ、輪郭を把握する。そうして作品の「イメージ」がつくられる。おなじ作品を別の演奏で聴くとき、いい悪いは別にして、親しんだ演奏をひとつの基準として、測ったりすることもある。だからこそ耳に馴染んだ演奏とは違った解釈＝演奏は、新しくひびき、細部の違いを発見するきっかけとなるし、違いゆえに反発したり嫌ったりする可能性もある。《クロッシング》も《弧《アーク》》も、これまで売られてきた「唯一」の録音を聴いてきた、聴きつづけてきたひとが多くいる。作品そのものにセンツァ・テンポで各楽器が不確定に重なる部分を備えたり、図形楽譜の部分的導入をおこなっている《弧《アーク》》では、後で触れる作曲者自身のノートにもあるように、演奏の結果は毎回異なってくる。そうした「可動」的な部分は、レコードによって固定化を避けることはできない。逆に、作品の可能性を提示するには、複数の、いや、多くの録音が必要であるはずだ。新たな演奏、新たな録音が登場して、作品の別の相貌があらわれる。

《クロッシング》と《弧《アーク》》においては、オーケストラという媒体を、単なる音響の発生装置として捉えるばかりでなく、オーケストラのひとりひとりのメンバー、演奏家が別の人格で、別の生活をおこなっている、そういう人たちが集まってひとつの「音楽」をつくってゆくという発想が、武満徹には抱かれていた。一九五〇—六〇年代、西洋の作曲家たちがクラスター手法などでとっていた、演奏家各人に別々のパートを課し、全体としてどうひびくかを問題としていたこととは、たとえ音の状態としては近似するところがあったにしても、隔たっていた。武満徹にとっては、音響現象以上に、音を発する、楽器を奏する生身のヒトの存在、そこでヒトが弾いている、音楽に携わっていることこそが大切だった。音響がなおざりになっているという意味ではない。複数のヒトによる音の重なりから生まれるものが、有機的な音楽になってゆく。その意味では、とても微細な音をも聴きもらさぬように、アルバムはできるだけ大きな音で聴くべきだろう。音を浴びるべきなのだ。スピーカーのむこうには、大勢の一〇〇人にも及ばんとする演奏家が音楽を、武満徹の音・音楽を奏でている、と。

いま、一九六〇年代から一九八〇年代にかけての武満作品を聴いても、「前衛」には感じられない。それでいて、ひびきの新鮮さはけっして失われていないどころか、瞬間瞬間にきらめくパッセージ、うごめく低音、咆哮《ほうこう》する金管、色彩感豊かな個々の木管と打楽器は、後年の「円熟」し、落ち着いた武満徹とは違った、烈しさとして、つよい情念として、音そのものとして吹きだしてくる。

オーケストラの厚いひびきと、ソリスト群の涼やかなひびきが交錯する《クロッシング》。後半になってはいってくる女声。「ヤ！」との掛け声から、跳躍の多い音程へ、うねる線へ、複数の声の交差へ。大阪万博の鉄鋼館では、どのようにひびいたのだったろう。一九七〇年の万博について、終わってみると、多くの否定的な意見もだされたし、それはまさしく正論でもあったが、《クロッシング》は、そうしたお祭り騒ぎのなかでこそ生まれた貴重な作品ではなかったか。

振り返ってみると、長い時間をかけて作曲された《弧《アーク》》には、いろいろなものが含まれている、言い換えるなら、流れ込んでいるのがわかる。武満徹は一九八〇—一九九〇年代、海をテーマにしながら、その海に複数の水脈がながれこんでいくというイメージを語るようになり、調性的なもの、旋法的なもの、引用、などが重ねられるようになるのだが、この一九六〇年代の作品、もっとも先鋭化していた時期であっても、もしかしたら、将来自らがとるようなスタンス、考えるようになるような「海」のようなイメージを、どこかで考えていた、知らず知らずのうちに先どりしていたのではなかったか。素早く、短い音型が左右で行き交い、重なり合う、「西洋前衛」的な技法はもちろん見え隠れする。ほかにもフリー・ジャズの影や、あるいはメシアンを意識するようなひびきも見いだせる。リリックな、ふと、あらわれて、完結しきらないようなメロディのあらわれも。〈Your love and the

crossing〉と〈Textures〉の、どこかしら《アステリズム》を予感する、極端にいえば、セクシュエルでもあるような、クレッシェンドも。
チェロの高音域を生かす《オリオンとプレアデス》は、《弧《アーク》》から後々まで生かされる庭園回遊型とは異なった、オーケストラとソロの豊穣《ほうじょう》な「うた」がくりひろげられる。《クロッシング》《弧《アーク》》とならべてこそ、八〇年以降の武満作品で見えてくる質感も、ある。

☆

これらの作品について、武満徹はあまり多くのことばを残してはいない。ほとんど最低限の説明にとどまっていると言ってもいい。以下、作曲者のノートとはべつに、若干の追記をおこなうこととしたい。

《クロッシング》

作曲は一九六九年、初演は大阪日本万国博覧会'70鉄鋼館スペース・シアター。ただし、そこではライヴ演奏ではなく、録音が一〇〇〇以上のスピーカーをとおして、しかも色彩を伴った発光とともに、再生された。オリジナル・スコアには「Crossing Part I "according to what"」とあり、第二部、もしくはさらにつづくパートを予測させるが、実際に作曲されることはなかった。実際にステージ上にオーケストラを載せ、演奏されるのは二〇〇〇年一〇月六日、サントリーホールまで――要するに作曲者の死後まで――待たなくてはならない。

二群のオーケストラは二種類の配置が想定されている。基本的に、指揮者の前にソリスト四人、その背後に女性コーラスを配し、それらを取り囲むようにして、左右対称にオーケストラを並べることになっている。《ノヴェンバー・ステップス》（一九六七年）もそうだが、一九六〇年代から一九七〇年代にかけて、武満徹のオーケストラ作品はこうした対称性が志向されていた。

後半になってはいってくる女性コーラスのテクストとして用いられているのは、ヴィトゲンシュタインの『論理哲学論考』の英訳から。タイトルにも使われていた「according to what」は、ヴィトゲンシュタインの愛読者でもあるアメリカの画家、ジャスパー・ジョーンズの作品からとられた。これらテクストは、室内アンサンブルのために書かれた《スタンザI》（一九六九年）でも用いられるが、こちらのノートでは「演奏中のかけ声は、Yah! でもあり Year! でもあり Ear でもある。／《スタンザI》は、私のオーケストラ作品《Crossing》の第一部〈According to what〉の独奏パートでもあり、ユニヴァーサル出版社から出版されている」と記されている。この文章からすれば、《スタンザI》と《クロッシング》とは一種の双子と考えるのも可能だろう。

《弧《アーク》》

作曲者のノートは、「第一部」についてのみであり、「第二部」もしくは「全曲」については、「プログラム・ノート」としては特に残されていない。かわりに、エッセイ集『音楽の余白から』（新潮社）には、この作品が日本庭園からインスパイアされていること、そこには「庭」を構成する草、樹、岩、砂といった素材がそれぞれ独自の時間を持っていること、独奏ピアノが庭を歩行する役割であることが書かれている。このような文章を読むことができる――「ARCは、演奏されるたびにその貌を変える音楽の庭です。／私がここで試みた形而上的な庭園の写生 trace は、特にそのテンポの構造において、伝統的な能楽の、見計《みはか》らいの間《ま》から大きな影響を蒙っています。また、独奏ピアノを歩行者（移動する視点）に見立てることで、作品全体を固定された枠から自由な、可動性をもつものにしたのは、これもまた平安期の絵巻物に強く暗示されたからであります」。

ソリスト（群）がオーケストラという庭を動いてゆく、「回遊式庭園型」というスタイルは、以後、一九九五年の《スペクトラル・カンティクル》まで何度も踏襲される。

作曲は、第一部が一九六三年から一九六六年、第二部が一九六四年から一九六六年、改訂が施されるのが一〇年後の一九七六年。初演は、《クロッシング》同様、ステージでなくレコード録音においてで、一九六六年八月。さらなる改訂は一九七七年一月、ニューヨークであった。ここに収められた演奏は、「改訂版」初録音になる。

全体は二部に分かれ、第一部・第二部ともに三曲ずつ、合わせて六曲から構成される。しかも第一部・第二部では、楽器の配置が異なっているため、つづけて演奏するのが困難という特徴を持つ。第一部では、四つのグループのアンサンブルが、弦楽器、金管楽器のグループのあいだに散らばされる。第二部では、オーケストラを二つのグループに分け、ほぼ左右対称に配置される。ピアノは、「独奏」と呼ばれながらも、ヴィルテュオーゾ的な派手さはなく、位置的には指揮者の前方に位置する。また、第二部の一曲目〈テクスチュアズ〉は、一九六四年、NHK交響楽団より「東京オリンピック芸術展示公演のため」委嘱・作曲され、いわば「独立」した作品として初演された。

余計なことかもしれないが、《弧《アーク》》における各曲のタイトルは、どうなのだろう。ひとつひとつについては武満徹的語彙として捉えることができるけれども、総体としては、いささかわかりにくい、というよりも、謎では……。

《オリオンとプレアデス》

チェロを前面にだした武満作品は多くなく、しかもオーケストラと併せての作品は、ごく初期の《シーン》と、この作品のみである。「星座のシリーズ」でありつつ、タイトルが二重になっているところも特徴として挙げられよう。すなわち、「オリオンとプレアデス」という表記とともに、わざわざ丸括弧に入れられて「(犂と昴)」と。これらは、ギリシャ神話における名と、漢字文化圏における名とイメージが「おなじ」であることを示し、洋の東西におけるひとのイマジネーションの通底を照らしだす。武満作品にはしばしば、日本語のタイトルと外国語のタイトルとのずれが故意につくられる——たとえば、《夢窓》を「Dream/Window」、《虹へむかって、パルマ!》を「Vers, l'arc-en-ciel, Palma」と——が、この作品もそのひとつ。また、ただ二つの星座を併置するのではなく、「と」の部分がひとつの間奏曲として別に置かれている。ここに、武満徹の、言葉に、記号に対するセンスを感じることができる。全曲は、武満徹の映画のための音楽とも共通するリリカルな「うた」の線と、周囲にきらめく色彩的な音響に満ちている。

《秋庭歌》への感謝

日々のわさわさした時間からちょっとだけはなれられることがある。休日の午後、やることはあるけれどしばらくは余裕がある、遅れたにしてもきっとなんとかなる。だから気分は時計の刻む時間からははなれている。とはいえ、からだには日常のわさわさがどこかに残っていたりもする。そんなとき、《秋庭歌・一具》の一節、〈吹渡〉や〈参音聲〉の龍笛のソロをおもいおこす。いつのまにか、というわけではない。むしろ、わざと。わざと、おもいおこしてみる。あの曲の、あのメロディーを心身が欲している、と。そして自分が吹いているかのように、吸って、吐いてみる。ゆっくりと。

口や鼻からはいってきた空気が喉へ、肺へと、さらに四肢へ、指先へと伝わってゆく。いや、ほんとうにそうなっているのかどうかなんてわからない。ひとつのイメージでしかないかもしれない。でもそうして、からだのなかにあったわさわさが沈められ、おちつき、からだのテンポが、からだそのものがととのえられてゆく。《秋庭歌・一具》は、聴く、鑑賞する音楽作品であるとともに、わたし自身のなかの何かを調律してくれる音楽だったりする。《秋庭歌・一具》が作曲された一九七〇年代は、わたしの一〇代にぴったり重なる。あわせてわたしが音楽に傾倒してゆく時期、また、ヨーロッパの前衛志向に疑問が投げかけられ、音楽の傾向が変わってゆく時期でもあった。武満徹の音楽もそのながれと同調していた。わたし自身、わからなかったりぴんとこなかったりしながらも、ある一節や短いどこかのひびきに魅せられ、あるいは、こんな音響が！　との驚きを感じながら、この作曲家の音楽にすこしずつふれていったのだった。

はじめてＦＭで聴いたとき、それに日生劇場でおこなわれた「武満徹フェスティバル」でふれた演奏はいまの「一具」ではなく、中心におかれた〈秋庭歌〉のみだった。それが何年かのうちに成長し、六つでひとまとまりとして完成をみた。

☆

《秋庭歌》を手掛けたことは作曲家の変化を促すひとつの要因になっていたのではないか。これは勝手なおもいこみなのだが、わたしはどこか、そんなふうに考えている。

雅楽という古来のかたちを生かしつつ、新しい何かを生みだせるかもしれないとの期待。西洋楽器とは異なったゆらぎ。それでいて、どこかこの楽器、楽器編成に融通のきかなさをおぼえたりしたかもしれない。そんなせめぎあいのなか、この独特なオーケストラに、そのひとつひとつの楽器のために、作曲は進められたのではなかったか。

洋楽オーケストラのように「現代」の語法や奏法に親しんでいるわけではない。全員が演奏しても、部分が、細部がかくれてしまうことはない。だからなのだろうか、《秋庭歌・一具》はそれまでの武満徹作品より各楽器にメロディアスなところが多くなっている。《秋庭歌》はうたに満ちている。かなりのパートが吹奏楽器であるせいもあろうか。吸って、吐く。ひとの呼吸が雅楽のひびきの核にある。ドーリア調という旋法のせいかもしれないが、どこか、ジャズ・オーケストラ、ビッグバンドを連想させられたりもする。

スコアはしっかりと五線紙に書かれている。拍子も小節線も記されている。でも、生まれてくる音楽はそうした拍をきっちりととる、ディジタルなカウントからはずっと自由。エクリテュール（＝書いたもの）の、縁どられ、かぎられたかたちから、呼吸するからだの生きた音楽へと、作曲家のなかにある音楽へと「かえさ」れ、聴き手へと届く。

☆

先日、京都に出向き、紅葉した山をわずかにみることができた。東京にいて、紅葉のことを忘れていたことに気づき、誰にでもなく、自分に対して恥ずかしいおもいを抱いたりした。

あわせて、このごろ秋が短くなってきた。ともすれば暑い季節から寒い季節まであまり時間をおかずに変わってしまうことを想いだしていた。この列島でもっとも変化がはっきりとかたちや色となってあらわれる季節が、どうなっているのか不安であることをも、また。

　武満徹がいくつもの作品のなかでタイトルとしてとりあげた秋、それは音楽が時間とともにあり変化とともにあるさまの象徴、あるいはメタファーでもあるかのようにおもってきた。雅楽作品に《秋庭歌》とつけられたとき、四季のうつろいとともに、もっともっと長いスパンの時間、文化そのものが変わったり変わらなかったりする、そんなことさえも含みこんでいるように感じていた。それゆえに、秋の短さを、自然や音楽の変化についての感性の失いにならなければ――。

　わたしは《秋庭歌・一具》にある、この息とともにあるうた、ゆらぐ心身の拍をおもうことで、わさわさした日々のいとなみに、ふ、っと一呼吸いれることができる。けっして、いつでも、ではない。そうではないけれど、こういう音楽が、こういううたがあることに、感謝しているし、じかに演奏にふれることができることをありがたくおもうのだった。

《秋庭歌》から／への旅

何十年かぶりに『天平の甍』を読みかえす。

読みかえす、というよりは、およそ進まないので、途中から、適当にページをあけて。こんな小説だったか、だったろう、とたしかめる。井上靖に関心を持って何冊か、とくに中国を舞台にする作品を読んだのは一〇代の半ばだったが、ほとんどおぼえていない。かなしいくらいに、おぼえていない。読みかえすとさらに、こうした細部のつみかさねでできていたのかと、すこし進んではつまずき、また進んではつまずいて、およそ足元がおぼつかない。かつては何を読んでいたのか。はては、ほんとうに読んだのだったかとさえ。ただストーリーだけ追っていたのか。恥じいるだけでなく、思春期の、文字を追っている身の、何をしていたのかという時間の浪費をおもう。

三人はいつか再び長夏門街の燈火の光のただ中へはいっていた。前でも背後《うしろ》でも群集は押し合っており、喚声と、叫声と、金属音を混じえた歌舞の楽の音が四方から三人を包んでいた。時々火の粉が辺りに散った。

派手さはない。遣唐使となって大陸にわたった若者たちと、この列島へとわたろうとする鑒眞（鑑真）とのひたむきな姿が描かれるばかり。小説の刊行は一九五七年、映画化は一九八〇年。ここで引いた小説の数行でひびく長安の華やかなサウンドは、しかし、ゆっくりと文字をたどり、その光景を想像力でたちあげていかないと、なかなか、身近にならない。ストーリーを中心に追うとこうしたところがこぼれおちてしまう。小説を読みかえし、さきの引用の部分でうかんだのが《秋庭歌》だった。

そう、熊井啓の映画があった。映画館でみはしたものの、すっかり忘れてしまった。音楽を担当したのは武満徹だったが、どこでひびいていたのか。それでも、あ、《秋庭歌》！と気づいたのは記憶にある。気づいたことに満足した、ようにもおもう。《秋庭歌》には惹かれていた。

☆

もしかしたら、と気になって調べてみる。こんなふうにメモをとる。

雅楽《秋庭歌》　一九七三年
NHKドキュメンタリー『未来への遺産』　一九七四年
雅楽《秋庭歌・一具》　一九七九年
映画『天平の甍』　一九八〇年

《秋庭歌》は雅楽として認識していた。あたりまえのことだ。ところどころ、ああ、ビッグバンドの音みたいだな、とかおもったりした。吹奏楽器が中心で、楽箏や楽琵琶のみが絃楽器、あとはいくつかの打物《うちもの》によるサウンドが、ところどころトゥッティで奏でられるメロディが、たとえば秋吉敏子（穐吉敏子）のアルバム『孤軍』（一九七四年）や『ロング・イエロー・ロード』（一九七六年）をとおく連想させたから、かもしれない（のちに単行本にまとめられた秋吉敏子と武満徹の対談は一九七六年に雑誌掲載された）。だが、この列島とちょっと海をへだてたところにある大陸にかかわるところと、《秋庭歌》とをつなげて考えるということはなかった。そこがそもそも、わたしじしんが、西洋的な思考＝志向に毒されていたというういがいの何ものでもないのだけれど。

武満徹が中国人民対外友好協会の招きでかの地を訪れるのは一九七六年。旅についてはさほど書き残されていない。生後一か月で大連にわたり、七歳で単身、この列島へと戻ってくるという背景はあった。いまはなしをする機会があったら、このときのことを訊いてみたい。

☆

作曲家はドキュメンタリー『未来への遺産』の音楽を書いている。

一九七四年三月から一九七五年一〇月、ほぼ一年半にわたって全一五回放送された大規模のドキュメンタリーは、ごくふつうの「ヨーロッパ」や「西」とはすこし異なったものを多く映しだすものだった。わたしじしん、DVDがあることを知り、すこしみなおしたりしているのだが、かつてブラウン管の前で、親といっしょにエクゾティックな形象に魅入った記憶がある（当時、中学・高校の親しくしていた教員は、武満徹の音楽が邪魔だ、と言ったものだが──映画からどう音楽を削るかを試行錯誤した作曲家の実践に対し、それでもまだこのようにとらえる感性のひとたちはいたのだ、この時代には）。

ドキュメンタリーを制作したNHKの吉田直哉は、アルバムのライナーノートを書いている。武満徹が「架空の庭園図」を描くことがあると教えてもらったとのはなしを記したあと、こんなエピソードが語られる。

作曲のための試写のときに、あちこちの古代神殿や宮殿の石壁にのこる謎めいた文様や文字がスクリーンに写るのを見ながら、彼がよく、「……本当は楽譜かも知れないな」と小さくつぶやいていたのを思い出す。古代民族の遺産のうち、神話や叙事詩など文字でしるされたものの多くは解読されている。しかし、音楽に関するものはほとんど何も分からぬまま忘れられている。不当に少ないどころか、まるで伝えられていないのである。神話も叙事詩も、おそらく何らかの楽器を奏でながら歌われたのであろうが、それらの旋律も、知識の彼方の闇のなかに沈んでしまった。「このしるしは単なる文様とか文字ではなくて、もう解読不能の楽譜かも知れない」という思いの無念さは、もしかすると音楽家にしかわからない種類のものか、とも思うのである。

しかし、武満さんの場合には、「楽譜かな」と思ったときには、すでに解読を終わっているのではないだろうか。きっと、そこで音が聞こえて来たからそのかたちが楽譜かと、そう気づいたのだ。だから、長く忘れ去られていた無数の古代の音楽が、彼の手によって記譜され演奏されて、このレコードのなかに収められているのにちがいないと私は信じている。(「未来への遺産」とTHE TAKEMITSU SOUND)

武満徹が文様や文字に「楽譜」をみるというういじょうに、そこから番組の音楽がつくられている、「音が聞こえて来た」という吉田直哉の慧眼に、ため息をついた。こうした見方をするひとがいることがまた、ひとの思考のゆたかさを示しているとおもうから。

『未来への遺産』でひびいている音楽そのものがシルクロードになっている――いまは、そんなふうにおもったりする。武満徹のコンサートの音楽、聴かれるための音楽作品とは大きく異なり、さまざまなモード（旋法）を用い、リズムがあらわれたり消えたりする。アナログな電気／電子楽器オンド・マルトゥノの、グリッサンドやポルタメントのひびきをめずらしく多用する。オーケストラのスコアを書くだけでなく、おそらくは、そうした生の演奏をスタジオで合成したりもし。

一九七〇年代の半ば、武満徹はTVドラマの音楽も手掛けていた。三田佳子が多重人格者を演じる『私という他人』（一九七四年）もそのひとつで、こちらも、熱心にみた記憶がある。音楽はおぼえていない。

映画の音楽を担当することのたのしみについて、武満徹は何度も語っている。TVの場合はどうだったのだろう。映画ほどではないにしろ、何かしら発見があり、音楽をやるたのしみがあったのではないか。そんなふうにおもう。そして、『未来への遺産』はといえば、ドキュメンタリーであり、過去の、二〇世紀からは遠くはなれた時代のモノ、ひとがのこしたモノが否応なく現前するところに、作曲家はイマジネーションを羽ばたかせることができたにちがいない。映像という制約がある反面、そうした制約がないコンサート用の作品、自律しているがゆえに逆にみずからに課してしまうのとは異なった自由さがあったろう。武満徹はこのドキュメンタリーでさまざまな土地に、さまざまな時代に、飛ぶことができた。コンサート用の作品、シリアス・ミュージックと仮に呼んだとして、そうした場で作品を発表しつづけることの意味、そしてしんどさ。その方向を選択したとはいえるにしろ、それだけでは息苦しくなる。シリアス・ミュージックなるものの制度、キメごとに価値を見いだしつつ、ほかのことをもあわせて、並行しておこなう。「複数のことを同時に語る」と武満徹は言っていた。『未来への遺産』は「複数のこと」が可能となる場だった。雅楽の音がひとつだけなり、あとはオーケストラに。調性的なところではドビュッシーの影が。リズムはペルシャ=イランの。さまざまな楽器のひびきをつかいながら、それらを総合する、シンセサイズする音楽、テープ音楽、さらには世界音楽を志向する電子音楽なのではなかったか。

☆

『未来への遺産』に先だち、《秋庭歌》があった。雅楽の作品を手掛ける際に、シルクロードを意識するドキュメンタリーのしごとはすでにはいっていたのか、どうか。雅楽を書きながら、どこか、シルクロードはあたまのなかにあったろうか。実証にあまり興味はない。それより、この時期、武満徹にこの列島からはみだして、大陸を、ユーラシア大陸をこえ、さらにむこうへというようなうごきが、必然としても偶然としても、はたらいていたのでは。そんなふうに想像してみる。

すこし時間を遡る。

《秋庭歌》に先だち、国立劇場では新作雅楽の委嘱がおこなれた。第一作は黛敏郎《昭和天平楽》。

初演は一九七〇年。元号でいえば昭和四五年。一時期までは何よりもこの列島で世界的な芸術音楽におけるパイオニア的存在だった黛敏郎が、同時に保守愛国の旗ふりをしていた。当時作曲家が、この列島のひとたちが生きている時代の天皇の御世をたたえる。タイトルにあらわれている。第二次世界大戦が一九四五年に終結してちょうど四半世紀、戦争もなく、世は過ぎた。この年は、大阪万国博覧会も開催される。昭和天皇、とのちに呼ばれる天皇裕仁は一九〇一年の生まれだから六九歳。翌年には無事七〇歳を迎えるだろう。そんな年に初演される作品。余計なことかもしれないが、この初演のあと、作曲家と親しく、のちに小説がオペラ化される三島由紀夫が市ヶ谷の自衛隊で割腹自殺を遂げる。《昭和天平楽》にじかにつながりはないけれど、作曲家が「昭和」といい「天平」の「楽」と呼んだ作品が新作雅楽として初演されるのに対し、作家の自死をどうみたらいいのだろう。

それはともかく。《昭和天平楽》は、たしかに雅楽の編成であり、復元楽器も多々用いられている。ひびきはゴージャスだし、ノリがいい。《秋庭歌》よりもおそらく親しみやすい。武満作品よりはるかに、きっちりとしたディジタルな拍がめだつ。

そうだ、とおもって秋山邦晴『日本の作曲家たち』（音楽之友社）を書庫から引っ張りだす。もともと雑誌連載だったせいもあるだろう、黛敏郎の項では冒頭、いきなり《昭和天平楽》がでてくる。

一九七〇年の秋、東京・国立劇場で宮内庁式部職楽部のメンバーを作曲者の黛敏郎が指揮して、雅楽〈昭和天平楽〉が初演された。（…）笙がひょうひょうと音色のハーモニーをうごかすと、そこに竽（う・笙の一オクターヴ低い古楽器の復元。ふつうは使われていない）、竜笛、高麗笛、ひちりきなどの楽器が加わっていって、混沌とした音の集合体を茫洋とひろげていく。

だが、よく聴いてみると、その音のうごきのなかには龍笛のくりかえす四拍子の単純なリズムの特色あるうごきなどが通常の雅楽とはちがった官能的な色彩のエネルギーを流動させているのに気づき、いかにも黛敏郎の美学の一端にふれたようにおもう。

作品についての評はいま引いた部分の何倍かはあるのだが、ここでやめておこう。秋山邦晴は、三島由紀夫の自死については、ふれていない。

ほぼ四〇分かかる《昭和天平楽》の規模にくらべ、二年後にはじめて演奏される《秋庭歌》はずっとこぶりな、かわいらしい作品にみえた。秋という四季のなかの一季節、さらに、庭という限定された空間がタイトルにとられる。大上段にかまえ、「昭和」と「天平楽」を結合しているのとは大きく違う。雅楽なのに指揮者がいる、ということもないし、復元楽器を用いることもない。ただ、一九六七年にニューヨークで初演され、成功をおさめた《ノヴェンバー・ステップス》の実績が、新作雅楽のきっかけになったであろうことは想像に難くない。《ノヴェンバー・ステップス》が琵琶と尺八を前面に、列島の「伝統」楽器への斬新なアプローチを作曲家がうちだしたことは、雅楽でもじゅうぶん生かされるだろうと。

☆

《秋庭歌》のあと、四年ほどして、カールハインツ・シュトックハウゼンの《歴年》(一九七七年)がくる。多くの批判をうけ、西洋楽器版は何度も再演されているにもかかわらず、雅楽版は二〇一四年になるまで封印されるに等しい扱いをうけた作品だ。ドイツ語による正確なタイトルは、《DER JAHRESLAUF》で、「四人のダンサー/歌う俳優、三人のマイム演者、小さな少女、美女/雅楽、テープ/サウンド・プロジェクションのために」。音楽作品、というか、音楽のつくりへの批判というよりは、演出や舞いといった視覚的な側面への生理的な嫌悪が先にたったとおもわれなくもない一方、二一世紀になり、わたしじしんも雅楽版再演をサントリーホールで聴いているけれど、ごくふつうに聴けてしまうことそのものが、時代のながれとともに、もしかすると空間と時間の変化と心身の変化を蒙っていることを、考えなくてはいけないようにも、おもったのだったけれど。《歴年》は、ふりかえってみれば、シュトックハウゼンにとって、大きな意味があった。《光（Licht）》という全七部の作品へと発展してゆくのだ（なお、この作品および、《光（Licht）》については松平敬『シュトックハウゼンのすべて』アルテスパブリッシングを参照していただきたい）。

《歴年》の二年後、一九七九年に《秋庭歌・一具》が初演される。わたしはずいぶんあとになって知った。《秋庭歌》はひとつの、大きくはない作品だとばかりおもっていた。そもそも音楽に大きく距離をとっていた時期でもあった。

六年前の《秋庭歌》は、ひとつの楽曲として演奏されたのち、あらたな委嘱をうけ、「一具」へと拡張されていった、という。それゆえに、一九七三年の《秋庭歌》の楽器編成がもっとも小さく、あとで書き足された部分はずっと大きくなった。とはいえ、こんなふうに想像してみるのはどうか。はじめから「一具」として発想されながら、一部のみが独立して演奏され、あとになってほかのところが加えられた、というような。おもしろいものだとおもう。シュトックハウゼンは《歴年》から《光》へと大きく広がってゆき、武満徹は《秋庭歌》から《秋庭歌・一具》へと広がってゆく。雅楽は作曲家にはたらきかけるのだろうか。たしかに、ふつうにつかっていることばでなく、べつのことばではなそうとするとき、あるもどかしさとともに、ついみぶりが大きくなったり、つねならぬことばづかいをしてしまったりするものだが。

《秋庭歌・一具》――複数の楽曲がひとつの全体をなすような作品は、武満徹に、あまりない。ピアノとオーケストラのための《弧《アーク》》くらいか。《風の馬》や《環礁》もそうかもしれないが、規模が小さい。《ジェモー》もちかいかもしれないとおもいつつ、個々のつながりはもっとつよいのではと斥ける。つらつらと《秋庭歌・一具》の生成を――いまさっき記したことと矛盾するようだが――おもい、全体のかたちをおもう。

一九七三年の《秋庭歌》では「秋庭」と「木魂」という二つのグループが編成されていた。前者は吹物（管楽器）や打物（打楽器）、弾物（絃楽器）など九人、後者は吹物のみの八人。こうしたグルーピングは、一九六〇年代から一九七〇年代にかけての武満徹のオーケストラ作品とひびきあう。楽器をグループに分け、発音の場を移動させ、立体的な音のありようをつくりだす。たった二人の演奏家でも、オーボエと笙のための《ディスタンス》も、通常のステージのヨコならびではなく、タテならびとなっていた。《秋庭歌・一具》（一九七九年）

では、「秋庭」の九人は《秋庭歌》（一九七三年）と変わらない。ただ、木魂が「木魂群」として三カ所に配置される。ひとつは、「秋庭」の背後で、先行するものと変わらず、それ以外に、「秋庭」に対し左と右、それぞれ「木魂群1・2・3」に。より立体的に、ステレオフォニックになる。作曲家は、各グループをできるだけ距離をとって配置したかったのだと、作品そのものの生みの親、国立劇場の元プロデューサー、木戸敏郎氏からきいたことがあったけれど。そう、通常の西洋型オーケストラ以上に、ここでは、空間性がきわだつ。たとえ録音で聴いたとしても、発音の場が異なっているのがよくわかるし、そのひびきあいが聴くものの位置を、聴くものがどこにいて、どういうふうにきこえているかを、気づかせられる。

全六曲、それぞれは〈参音声《まいりおんじょう》（Strophe）〉〈吹渡《ふきわたし》（Echo I）〉〈塩梅《えんばい》（Melisma）〉〈秋庭《しゅうてい》歌《が》（In An Autumn Garden）〉〈吹渡二段《ふきわたしにだん》（Echo II）〉〈退出音声《まかでおんじょう》（Antistrope）〉と題され、自筆スコアはそれぞれべつに表紙がつけられている。各曲のタイトルが漢字のならびと、その音としてのありよう、さらに英語と組みあわせられ、こうしたことばでつけられているものと、音符と「あいだ」に音楽はたちあがる。

五線譜で書かれているからとおもい、ところどころ、わざとべつのノートに書き写し、ヨコの音のならび、タテの音のならびをたしかめてみたり、ちょっとひとつ、ピアノで弾いてみたり、そんなことをしたこともある。だが、西洋型オーケストラのスコアをおなじように試してみるのとはまるで違った居心地のわるさを感ぜずにはいられなかった。そもそも楽器の異なった、音色の異なった音を、均質なピアノでというのもある。西洋型オーケストラをピアノで、というのは、わかっていてもある程度慣れている。それが、およそ慣れない、こんなんじゃない、とのおもいで心身すべてが反応するのである。音源を再生しながら、五線譜で書かれているスコアを追っていく、そこでもすでに、違和感はあったけれど、なおのこと。そういえば、友人の演奏家が言っていたものだ。《秋庭歌》は大好きなんだけど、五線譜なのよね、と。友人は、西洋楽器からではなく、まず雅楽の楽器を手にしたひとだった。その意味では、雅楽の古来からの記譜法ではなく、五線に記された音符で演奏するとは、ひとつべつの翻訳がおこっているわけで、演奏する側にすれば、ストレートに五線の音符から演奏する行為、音へとつながることもあるのだが、そうでないこともときにある。そんなふうにみたほうがいいのかもしれない。

☆

はなしがすこしずれてしまったかもしれない——。

ひとつ、また、おもいだす。

林光は「終わらない歌」という題された武満徹論のなかで、こんな一節を引いた。

「今、なにか――この部屋を――鳥ではなかったかしら」。

佐藤信の戯曲『あたしのビートルズ』をしめくくる一節。これに先だって、共通のしごとをし、友人だった人物は、武満徹と鳥について、ほぼ一ページ、記している。こんな一節がある――「武満は、メシアンのように、鳥の声のふしのかたわらに、『鳥の名』を書き入れたりはしない。ただ通り過ぎるだけだ」(『エンビ服とヒッピー風』晶文社)。

林光が指摘するのは《グリーン》だったり《スタンザⅡ》だったりと、一九六〇年代から一九七〇年代の作品。《秋庭歌》でも鳥はでてくる。後年、だんだんと耳にすることがすくなくなってくるが、そう、タイトルにあらわれることもある。《鳥は星形の庭に降りる》《鳥が道に降りてきた》のように。前者はA Flockと群れをなし、後者はA Birdとただ一羽。西洋型オーケストラでも、雅楽でも、何人もが演奏する楽曲のなかでは、鳴きかわしていたものが、遺作といっていい作品では、「一羽」に。

《秋庭歌》はドーリア調で書かれ、この旋法はいわずとしれた《地平線のドーリア》やほかの作品でももちいられた。もしかすると、とあくまで何の根拠もなく言うのだが、武満徹が《カトレーン》のあたりで調的なもの・旋法的なものへのこばみをゆるめる、一九八〇年代から晩年までのより柔軟なひびきへとむかってゆくそのひとつのきっかけに、雅楽の作品を書くことがあったのではないか。

それにしても――《秋庭歌》の、龍笛や篳篥の奏でるメロディの親しみやすさはどうだ。雅楽で用いられる楽器が、西洋楽器のように近代化され、広い音域をもっていないがゆえか、狭い範囲でうごくメロディの、無理のなさ、ゆったりと、途中までふうっとうたい、ちょっと息を吸ったか吸わないかというまま、後半へとつながって、低い音でとまる。雅楽という吹奏楽器を中心にして編成されているがためか、笙のように吸って・吐いてでそのまま音が持続させられる楽器があるからか、《秋庭歌》を聴くというのは、吸って・吐く、呼吸をとのえる体験であるようにも感じる。いつのまにか、聴き手の時間が、《秋庭歌》と行き交っている。音楽を聴くのは、多くの場合、たしかにそうなのだが、《秋庭歌》では、聴きながら、聴き手が調律されていくような感覚が、すくなくともわたしには、ある。

映画『天平の甍』に《秋庭歌》がでてくる。そのことはすでに述べた。『未来への遺産』から『天平の甍』へと、ドキュメンタリーとフィクションの違いはあれど、ほぼ一九七〇年代をとおして、武満徹は大陸との、列島からさほどとおくない半島や大陸から、さらにユーラシア大陸へと、とくに意識するしないにかかわらず、そのつくりだす音楽そのもののなかに、まじってゆくものがあった。あったようにおもう。それは、太平洋からアメリカへ、ヨーロッパへむかうものとは、あきらかに違うものだった。そんなふうに夢想する。何十年も経ってから。

そういえば、鶴田錦史に捧げられた三面の（薩摩）琵琶のための《旅》は、雅楽《秋庭歌》とおなじ一九七三年に初演されたのだった。《秋庭歌》のメロディは、一九九二年の《セレモニアル》へと大きな抛物線《ほうぶつせん》を描くだろう。作品のはじめ、笙で奏でられたメロディは、西洋型オーケストラにさまざまにこだまし、ひとつところから複数のところへとひろがっていく。あとで気づかれる、いくつかの旅。

7

自然

自然と照らしあう音

武満徹は一九五〇年代の終わりから何度か軽井沢を訪れた。一九六六年には隣りあう御代田《みよた》に山荘を持ち、作曲を集中しておこなうようになった。

自然を愛するとひと言で言ってしまえば陳腐にすぎる。武満徹は、みずからの音楽作品が自然のメタファーであるかのように、作品と自然とが照らしあうもののように考えていた。水を中心に、海、樹木、風、星、さらにはそうした自然物がひとの手によってひとつのかたちを与えられ共存しあう日本庭園を、インスピレーションから、みずからの書き記す音ひとつひとつのうごき、作品の構成といったものまで敷衍していった。

琵琶と尺八がヨーロッパ由来のオーケストラと共演する《ノヴェンバー・ステップス》は、ニューヨーク・フィルハーモニックからの委嘱で作曲され、一九六七年に初演された。

年譜をみなおしてみると、御代田でしごとをするようになるのはその前年。琵琶や尺八の垂直に切りたつような音、沈黙と踵を接するような音が、細分化されたオーケストラに、あたかも波紋のように広がってゆくさまをイメージしていた、と書いていた武満徹である。そうしたイメージが、ほかならぬ長野の自然を、おそらくは山荘からみることが、感じることができることによって発想されたのは想像に難くない。

☆

音楽作品をわたしたちはコンサートホールで聴くか、レコードやネットを介して聴くか、で考える。それがごくごくあたりまえのこととしてある。だが、もしかしたら、ある作品が発想された土地、環境というところに創造的に置きなおす、ということも考えられるのではないか。

多くの文学者や美術家が愛し、通ってきた軽井沢。ことばによって描写されることどもや自然の光景と違って、抽象的な楽器音によって生みだされる音楽は、つくり手と土地とのつながりを想像しにくいかもしれない。だが、たとえばふつうとちょっと違う、ざらつきのあるような特殊な楽器の弾き方によって生まれる音は、決まりきった楽音に対して、もっと自然の、ナマの音の存在感をつきつけるものだとしたら、どうだろう。楽器の音とは、もともと持っていた雑音まじりの音を、洗練によって削ぎ落としていったもの。ひとが何らかの素材を手にし、音を発する、その原初的なところに、自然と音とのつながりはある。そうしたものを、武満徹の音楽が、ときに想起させてくれるとしたら、どうだろう。

武満徹が没して二〇〇六年で一〇年。いま軽井沢高原文庫では『高原の風と音楽――作曲家・武満徹のすべて』展がおこなわれているが、この土地でみずからの書き記す音に耳をすませた作曲家の姿を、具体的なモノを、景色を、土地を、空気をとおして、感じてみると、音楽への親しみを持つこともできるかもしれない。

水庭（へ）の、ため、ためし

わたしはいま部屋にいる。ソファに座りながら、メモをとっている。テーブルには陶のうつわにはいった花が活けられ、部屋の隅には鉢植えの観葉植物が大きく葉を茂らせ、すこしだけだが露出している土には名も知らぬ草がいくつも生えている。

なんということもない、どこにでもあるようなさま。でも、これだけでも、わたしと、いくつかの植物、水や土のなかにいる、いるかもしれない生きものたちの生は、異なりながらもおなじ時間と空間のなかに並存し、この惑星のなか、共存している。

☆

武満徹の《弧《アーク》》は日本庭園のつくりを意識して作曲された、ピアノとオーケストラの作品。

オーケストラは木管、金管、弦といったように発音がちかい楽器ごとのグループに分けられ、それぞれがべつの時間の単位を持っている。庭園にある樹木、草ぐさや苔、岩といったように、異なった時間が、ひとつの楽曲のなか、並行してはしっている。

おなじ一本の樹、そこにある岩、であっても、わたしがここからあそこへと歩き、移動してゆけば、見え方は変わる。風の、鳥の声の、耳へのとどきも変わる。ここでは前からきこえてきたものが、数歩進めると、右からに、後ろからに、なる。きこえが異なるのは、わたしが動いたからなのか、声の主が動いたからなのか。

ソロとしてとらえられているピアノを、たとえばわたしとみる。こうしたソロとオーケストラ、ソロ楽器がオーケストラという庭園を回遊する作品を、後年、武満徹はいくつもの作品で応用してゆくだろう。

ヨーロッパの作曲家は、音楽を音高や音色、リズムなどとともに（音のする、音のひびく）空間をパラメータに分解して思考＝試行していた。オーケストラをいくつにも分ける。通常とは配置を変える。聴き手をとりかこんだ楽器たちが、右から左から、音を発してくる。この空間性は音楽の新しい視点のひとつとしてあった。折しもレコードの再生がステレオとなったのとも時期的に重なっていた。武満徹のおこなったのは、似たようで違っていた。結果としてのひびきは似ていたかもしれない。それでいてこの東アジアの列島で作曲していた人物が意識したのは、ひびき方やきこえ方というより、オーケストラを音楽家の集まり、ひとりひとりの人の集まりとして、楽器を奏でる身体のありようをグルーピングすることで、くみなおし、時間と空間を新たに創出した。

木管なら木管、弦なら弦というふうに、オーケストラの発音原理から個々のグループをつくるという発想の《弧《アーク》》。その後、ほぼ二〇年かけ、一九七〇年代から八〇年代の長期にわたって、武満徹はまたべつの発想による作品《ジェモー》を手掛ける。タイトルは双子座の意で、二つの独奏楽器（オーボエとトロンボーン）と二群のオーケストラ、二人の指揮者のため。二群のオーケストラといいつつも、それぞれのオーケストラはさらにいくつかのグループ――アンサンブルと呼んでもいいだろう――の集積のよう。つまり、作品は二つのソロ楽器（二名のソリスト）、二つのオーケストラ、二名の指揮者で全体である。同時に、これらは、二つに分けられ、それぞれがソロ楽器（ソリスト）と指揮者ひとり、（いくつかのグループによる）ひとつのオーケストラからなる。こんなふうに書くとややこしい。確認しておきたいのは単純だ。一見すると二重化されているようにみえながら、音楽作品はあくまでひとつであり、生身の音楽家がある一定の時間のなか、ひとつの楽曲を演奏する。全体としてみれば、複数・多数を含みこみつつ、ひとつだ。いくつもの層が作品のなかにある。ソリストがおり、グループ＝アンサンブルのなかの何人もがおり、それらが同時に奏するひびきの重なりがある。個々の発音は、ひとつの音楽作品が持続してゆく時間のなか、独立しているときもあれば重なることもあるしずれることもある。グループ＝アンサンブルは小宇宙として、また二群のオーケストラはそれらグループ＝アンサンブルを包括する宇宙、とみられる。オーボエとトロンボーンは素材も機構も異なっていながら、人の息による発音として、双子にみたてられもする。

《弧《アーク》》と《ジェモー》、ふたつの作品のあいだにはひらきがある。年代のひらきがあり、発想のひらきがある。《ジェモー》はその規模の大きさゆえに予定されていた部分的な演奏披露が中止になりさえしたことをつけ加えてもいいか。

☆

庭を、ビオトープをおもうために、この二作はある示唆を与えてくれる。片方だけでは足りない。両方、ともにあることで、みえてくる。

オーケストラを、ただ、ひとつの音響発生装置とはみなさない。個々の人が、楽器を手にした個人が、ある場所にやってきて、集まって、一定の時間、すなわち楽譜に記されている作品に要する時間を、ともに発音する。生まれてくる音楽（＝作品）は、もしかしたら、ひとつの楽曲としてとらえることができるかもしれない、が、もしかすると、ひとつの結果であるのかもしれない。その場、その時間のなかで、ともに発音するが、楽譜をきっかけにして音たちを交差させ、口唇や腕の、指や鼻腔のうごきや呼吸が行き交うことを、音楽と呼ぶことがもし可能だとしたら。武満徹の音楽＝作品であるのはたまたま、なのかもしれないけれど、こうした音楽、音楽＝作品の空間・時間を、アート・ビオトープのありようのなかに、想像的に、創造的に、仮構してみられないだろうか。

すこしずらして語れるか、ためし——

ひとつは、わたしのうごき、視点のみならず、耳や鼻や、肌、あるいは靴をとおしてのあしうらといった感覚器官すべてをとおしての庭そのものの、庭にあるもの、庭でおこることどもの変化。空間と時間のうつりゆきのなか、ここにあるものすべてが変化、生成し、「いま」はつねに途中である。音楽——漢字のならびの「音楽」より、むしろ古代ギリシャ語における「μουσική ムーシケー」が相応しい——はなっているときのものであり、聴き終えたならもう過去でしかない。あらためてふれるとき、わたしはたとえほんのわずかであっても変わっているのであり、音楽も演奏されるたびごとに変わってくる、ように。

池——ビオトープを、わざと池と呼ぼう——はそれぞれにべつの小さな宇宙をつくっている（《ジェモー》を想起してみよう）。小さな生態系と言い換えてもいい。ひとつひとつはべつでありつつ、近接し、わたし、わたし‐たちはその複数のありようを体感する。そばに寄り、腰をかがめ、のぞきこみ、といった動作は個々の池にかもしれないが、それらの個別のありようがいくつも、ここにつらなっているのを直観している。わたし、わたし‐たちは池をひとつ、ふたつ、みっつ、行ったり来たりしながら、意識せずとも、較べたり、ひとつにほかのとおなじ、かさなりを見出し、奥ゆきのちがいをはかり、反響をきく。

ここが「庭／にわ」であり、「池／いけ」であることにうなずく。

何もしないでこの土地があるわけではない。人の手が、人の手としてのテクノロジーが切り拓き、あらたなにわにしている。そのにわにはえるものがあり、生きるものをはぐくむいけがつくられる。いけは池であり、行けであり生けであり活け、逝けをも包摂し、音としては「いえ（i, è）」を母音の骨格を持ってもいる。

人の手でととのえられていながらも、つねに人の手から身をかわし人の手によるものを凌駕してゆく奔放さ、無秩序を持っている。「いけ」をかこみ、その場を肯定するのが「いわ」を、異和であり岩を秘める「にわ」なのだろう。語呂合わせにみえるかもしれないにしろ、音の、イメージの連想は、わたし、わたし‐たちの視界をひろげる。

みみからめへと感覚をうつし、うつして、みる。うつして、また、みみをひらいて、みる水をみる。水のおもてをみる。水の反映を、みる。

カラヴァッジョでもウォーターハウスでも、クノップフでもいい、ギリシャ神話の一エピソード、みずからの美貌を愛するがゆえ水仙に変えられてしまったナルキッソスを描いた絵画をおもいだし。

水のおもてにみずからの顔をうつしている美少年は、どれも水面と顔とは平行している。水は波だったり泡だったりせず静謐で、かがみの役割をはたす。表面に、おもてに徹し、水の奥を、深みをみせない。ながくながめればながめるほど、水はおもての、おもてにあらわれているきらめきとかがみとしてのはたらきのむこうへと誘われるが、ナルキッソスはおもてにとどまり、なかへとまなざしをむけることがない。近視眼的と呼んでは文字どおりの反復にすぎず無粋にすぎようか。顔が映ってしまっているむこう、イメージと、反映と呼ばれる視覚的なあらわれのむこうにある水、水そのものの状態、水の満ちている——矛盾した言い方かもしれない——空間のさま、そこに浮遊するあまたのもの、ものたちを、イメージが誘い、仕掛けてくる罠を遠ざけながら、みる。正面から、水のおもてに顔をふせるようにしてでなく、ほんのすこしななめにまなざしをむければいい、か。

ナルキッソスが表面にとどまる二次元的な、静止した時間の、視覚にかかわる神話を補うエーコーの神話。ナルキッソスを神話はここで三次元の広がりをもちえ、聴覚と時間のながれとかかわる。

ナルキッソスとエーコーの神話を引いたのは、個々のエピソードをどう読み解くかより、水のみちた池、池たちと、土や石、草や木々、それらの下に隠れ棲む、人の目で見えたり見えなかったりするものたちがいること、ここにいるよ、と言わないながらもいることを触知するための、諸感覚のひらきを触発されるから。虫や鳥のように、姿がみえずとも音でいることがわかり、かならずしもありがたくはないかもしれないけれど、腕にたかるものがあったり、くわれた痕や刺し傷にあとで気づくこともあるだろう。からだのあるところ、手足をのばした範囲だけでなく、五感のとどくところにいるものたちをも、神話から語られずこぼれおちているがゆえに、かえって気づくこともできる。

そして、そう、して、みみやめからゆびさきや布におおわれた肌、皮膚へと意識をひろげてゆく、と――

みどりの苔がはえているのを、しっとりとした苔の質感を、その触感をてのひらに想いおこしながら、飛び石を踏んでゆく。あしうらは、靴底をとおして、石のかたちを感じとっている。自然がつくる曲線をたどりながら、右に、左に、水は、大小のビオトープは、べつべつの空を、木々をうつしだし、なかにはべつべつの生きものの家族が棲み、諍《いさか》いや闘争もさえおこっているのだろうか。歩くわたしは、わたし‐たちは、おなじときにおなじものをみききすることなく、それでいてずれを含んだひとつの全体を感じている。

たぶん、でも、水庭のさまは自然では、いや、自然のままでは生まれない。自然のふるまいを意識し配慮しながら、人がはいりこめ、人が歩め、街から、都会からやってきた人が自然の自然たるありように臆さずにいられるさま。川の勢いのいいながれは大小の管をとおして水庭に導かれ、水位が調整される。それをにわと呼ぼうか。人の手が加わったにわ。それでいながら、洋の東西を問わず、何百年もつたわり、つづけられてきたにわを、いまの、地球という生態系を意識したかたちの、新しいにわ、にわの後継としてのにわ、ポスト＝ガーデンとしてのにわととらえかえし、ひきつぐ。

コントロールしきれず、しようともしない。単線的な物語＝歴史ではなく、複数の、いや無数の、生きものもモノもすべてがものがたりを、もの＝がたりをつむいでゆくにわ。育て、生き、学ぶ、学びつづける場としてのにわ。一世代、二世代ではない、もっともっとかかるなかでの。

水庭を歩くかわりに、《弧《アーク》》のピアノ・パートのように、わたしは、五つの感覚をすこしずつひらきながら、水庭をおもってゆく。感覚とともに生まれることばは、わたしのなかにたまり、またわたしはことばをため、ためしながら、水庭にふれようとする。

にわを、いけを、アート・ビオトープとしてとらえなおし、あらたな共生の、つくりながら生き、生きながらつくってゆくなか、ひきつぎながらもべつのところに移ってゆく「アート」とするように、武満徹の庭から宇宙、庭＝宇宙といったひろがりをもった音楽が、アートが、生まれてくるだろうか。音楽はしばしば、人の手による、人をとおっての抽象的な構築物の名であり、しばしば、人が耳にし触知した音響を主とする快や美の反応を呼ぶ名だ。水庭に身をおいて感じる音楽は、人が奏でる音楽ではないはずだが、それは想像・創造的に人による音楽と共鳴しながら、あらためて人の手による術を「アート」としたことと、ミューズの女神たちが詩や舞踊や音楽の区別なくムーシケー（μουσική）としていたことを呼びさましてくれる——くれるのでは。

☆

MIZU・NIWA
M／W
Z／N
I／I
という文字の回転
U／Aという口の開閉
MとNのならんだ音、
「I」の共通した母音
はじめ口は閉じているのに、
最後のAでひらく、
口の運動

息・多島＝海

　コンサートで聴いたり、スコアをみたり、のときにほとんど気づかないしおもいもしない、そんなに気にはならないのだけれど、ステレオの音量をしぼってCDをかけていると、武満徹の音楽に息つぎや休止がとても多い――多いように感じられる。

　スコアにはそんなに休符は、休止はない。小さな音符が細かく記されていなかったとしても、どこかで、なにかの、音がしている。しているというのでなくとも、音がのびていたり余韻がのこっていたり。

　めだった音たちのうごきはときに波になりときに島になる。くじらのようにすこし背を、背びれをみせて、潮がふきあげられることもある。つまりは、呼吸、吸って、吐く、そのさまがあらわれている、ような。

　かならずしも吸う、吸ったかたちはみえない。いまこの大気にあるものをただ口を開けばあたりまえにはいってくる、空気は、いったんひとのからだにとりこまれ、あらためて吐きだされるとき、楽器、音楽のうつわをひびかせる。武満徹のひとつひとつの音の島は、島という形容が、メタファーが、さほど違和感をもたないほどに、音楽＝作品のなかにつぎつぎとあらわれては、視界、いや聴界から消えてゆく。

息という言い方だと限定がすぎるだろうか。弦だったら、絃だったら、弓や指の、鍵盤や打楽器なら手や指の、ペダルの、リリースか。

武満徹作品を地図のようにみたことはあった（『武満徹 その音楽的地図』ＰＨＰ新書）。あくまで全体を包括的に眺めてみるひとつの方便に近かったとあらためておもう。それは二次元的なものでしかなかった。そうではなく、もっと立体的に、三次元的に、平面があったりでこぼこしたり、陥没したり。はたまた水面があらわれて海溝があったり環礁があったりというようにとらえるべきではないか。いまはそんなふうにおもっている。その三次元は反転もする。ぐるりと反転して島が陥没し環礁が隆起する、などと。

おもうのは地と図、グラウンドとフィギュアか。

はっきりとした音型があらわれる。ふ、っと途切れる。べつの音型があらわれる。音色が違ったり、発される音場が違ったり。はっきりした音型がなくとも、音はあり、音はうごき、うごめいている。あたかも地のようではある。絵画ならキャンバス、いや下絵、下塗りか。でもそれもけっして地、グラウンドでおさまりはしない。つねに地と図は反転しあうダイナミックな音のさまがつくりだされて。

島があらわれ、島が島だとわかるだけでなく、島の地質や植生、水に隠れているすがたなども透視できうるような。

☆

島が、島々がみえている海。海の表面はつねに揺れていて波が、波が、波がつぎつぎにやってては消えていく。ほとんどは凪いでいるのだろう、島がまず耳をひく、耳をとらえる。

息をつぐ。

手を、指を発音できるところにもっていき、音を発する刹那から音が発されるそのごく短い、短い短いところに、ふと、あらわれている音のない状態、や、音はしているけれどかならずしも島であるメロディや音型とに気をとられていると聴きおとしてしまったりする——するようなごくごくかそけき音、音たち。そこにいつしか、特に意識しなくても耳をむけられるようになれば。

あるいは、潜ってみること、か。

海に？　水に？　音楽に？　音に？

息をつぐだけではなく、吸うのも吐くのもやめて、しばらくは呼吸をとめて音のさまを耳で触知してみる。水に潜るときのように、浮力を全身に感じつつ、いまにも呼吸困難になりそうなのを敢えてとどめながら、水のなか、探ってみる。息をしない、できないなかでこそわかることがある、かもしれないから。

たしかに、いや、息をつめ、そんなふうに聴こうとしていた、聴いていたこともある、ような気がする。「わたし」は、ときに木管の奏者に、金管の奏者になり、打楽器奏者としてつぎの音を待機し、弦楽器奏者として弓を弦にのせていたことがある。どのときであっても、「わたし」は息をとめて、島の、海面から下の地表にふれようとしていた――か。

8

身体

東京バレエ団『雲のなごり』

勅使川原三郎の新作『雲のなごり』は、武満徹の二つの音楽作品、《地平線のドーリア》《ノスタルジア——アンドレイ・タルコフスキーの追憶に》とともに、なりたつ。

武満徹は第二次世界大戦後、独学で音楽を学び、世界的に知られるようになった作曲家。一九八〇年代以降は、海外の委嘱が多く、「世界のタケミツ」といわれた。一般的には「現代音楽」のフィールドで、コンサートで演奏される、オーケストラや室内楽の、「聴かれる」「鑑賞される」作品を書き、他方で、八〇本以上もの映画の音楽を手掛けた。その分野での古典、映画としても映画音楽としても記憶されているものとして、『砂の女』(勅使河原宏)、『怪談』(小林正樹)、『沈黙 SILENCE』(篠田正浩)、『乱』(黒澤明)などが挙げられるだろう。

映画のしごとが多かった一方、バレエのために書かれたものとしては、イリ・キリアン／ネザーランド・ダンス・シアターによる『ドリームタイム』——音楽作品としては《夢の時》(一九八一年)にあたる——があり、東京バレエ団のプログラムにもなった。

『雲のなごり』でくみあわされる二作品は、年代的にほぼ二〇年の隔たりがある。おなじ弦楽のみのオーケストラだが、スタイルも、ひびきも、かなり違っている。《地平線のドーリア》（一九六六年）では、音楽家ひとりひとりのパートに異なった役割が与えられる。ひとつのメロディも、分けあって弾くような、と言ったらいいか。一本の線と、急に生じるアクセントが、どこか不安で不安定な緊張感を生みだす。《ノスタルジア》は、ヴァイオリンのソリストとアンサンブルがコントラストをつくりだす。《地平線のドーリア》の不安さ、不安定さに対して、こちらは沈んでいながらも甘美な「うた」を聴きとることができる。

ともに映画とつながりを持つ。先にふれた映画、『砂の女』（一九六四年）には、あまり気づかれないけれど、《地平線のドーリア》がでてくる。砂丘にある住居で、岡田英二と岸田今日子が抱きあう――ふたつのからだから、また、画面いっぱいの砂丘で大きく砂がながれる、うごくさまが、弦楽器のひゅ〜、と音が上がったり下がったりするグリッサンドと、視覚と聴覚でシンクロする。武満徹にかぎらず、かつて作曲家たちは、映画という媒体でさまざまな音の実験をしてきた。映画のなかで試みたもの、ひびかせたものが、のちにコンサートで演奏される作品のなかで、生かされてゆく。

《地平線のドーリア》のオーケストラは二つに分かれている。「ハーモニック・ピッチ」（ヴァイオリン、ヴィオラ、チェロ、コントラバス、各2で八人）と「エコー」（ヴァイオリン6、コントラバス3）で、指揮者を中央にして、要たるコントラバスにむけて扇形にならぶ前者、うしろにヴァイオリンとコントラバスがそれぞれ横ならびになっている後者、通常とは大きく異なる配置となる。両者はステージ前方と後方にできるだけ離れて配置するよう指示され、ここに当時の武満徹のオーケストラ作品の、ひびきの空間性をみてとれる。

「ドーリア旋法から導かれた幾種類かのドーリアの亜種が、汎焦点の音風景を描く。（…）この音風景は、紫陽花の滲んだ、あるいは、霞んだ山々の稜線の重なる襞のような、特定のものを強調せず相互に織りなされるポリフォニーである」（「作曲家の古典'84武満徹」プログラム）。

クーセヴィツキー財団の委嘱で、公開の初演は一九六七年二月二日、サンフランシスコ、アーロン・コープランド指揮のサンフランシスコ交響楽団室内オーケストラでされているが、先だつ録音の初演は一九六六年八月、若杉弘指揮の読売日本交響楽団。

《ノスタルジア》には副題に「アンドレイ・タルコフスキーの追憶に」とある。五四歳で急逝した旧ソ連の映画作家タルコフスキー（一九三二―一九八六）の映画を愛した作曲家は、晩年の映画作家がイタリアで撮った名作『ノスタルジア』（一九八三年）のタイトルを引用している。

☆

武満徹はしばしば、日本庭園を回遊するようなかたちで、作品を構想した。ソリストとオーケストラを対置する作品では、ソリストは庭を歩いている人にみたてられる。歩いていると、おなじ木や石が、からだに対してかたちを変える。地面には砂利道があったり、苔がはえていたり、大きな敷石があって、あしうらの触覚も変わってゆく。鼻腔をくすぐるかおりが、ふと、あらわれて、また、なくなってしまうこともあるだろう。時とともに変化する音楽はこのうつりゆきを聴き手に体感させられる。

作曲家は《ノスタルジア》について述べている――「時に細分化された弦楽オーケストラが、タルコフスキーの(映画の)特徴的なイメージである、水や霧の感覚を表すが、全体は、緩やかで牧歌的な気分につつまれている」。

作曲家はタルコフスキーの映画のなかでは『ノスタルジア』がいちばん好きだと語っていた。「近ごろ人間の音に対する感性は、鈍ってきていて、とくに映画の場合、音が大きくなってきたということもあるんですけど、無神経になってきている。(…)その無神経さと、タルコフスキーの感性は、対極にある」。また、技術が進歩する一方で、「人間の感性は鈍くなってきている」(「イメージフォーラム」一九八七年三月増刊号「タルコフスキー、好きッ!」)

と指摘している。三〇年経って、日々実感させられる、そんなことばだ。

《ノスタルジア》は一九八七年八月一一日、エディンバラ国際フェスティヴァルで、同地のアッシャー・ホールでユーディ・メニューインの独奏、ピーター・マクスウェル・デイヴィス指揮、スコットランド室内管弦楽団で初演。

『砂の女』と『ノスタルジア』、鉱物質である砂、と、水・霧という液体・気体。およそ隔たったものでありながら、どちらもうごくもの、変化するもの、ものたち。こうしたイメージと音・音楽そのものとをかさね、さらにステージをうごく身体、空間とかさねるのが、『雲のなごり』としてたちあがる。

イリ・キリアンと武満徹

夢、この非現実の領域は、隠れた水脈のように錯綜し、宇宙と人間を貫く不可知の層を走っている。それは歴史と弁証法を超えた永遠の瞬間であり、しかし現実はつねにその瞬間のうえに脚っているのだ。夢に不思議という言葉を冠する。このなんともいえぬ奇妙さ。それではことばで夢を形容すればいいだろうか?

文字どおり「夢」と題された小文のなかで、武満徹はこのように記している。一九七四年末、作曲家はまだオーストラリアを訪れる機会を得ていない。アボリジニの文化に、音楽にもじかにはふれていない。

この極東の列島で唯一ともいえるシュルレアリスムの詩人・美術評論家の瀧口修造を師と仰ぎ、幻想的な絵画やゴシック小説、恐怖映画に親しんだ武満徹にとって、作品の題名などにあらわれてくるのは後であるにしても、「夢」は初期の頃からずっと重要なテーマだった。

夢は心理学や生理学できれいに整理、解読されるようなものでなく、謎に満ち、不可思議さを体現するもの、つまりはひとの創造行為、芸術＝作品と通底するものとしてあった。

ひとは、音楽や美術が、詩やダンスが「わかる／わからない」と口にする。だが、そうしたものは、「夢」とおなじように、そこに「ある」ことを受けいれる、「あること」をそのまま感じる、体験するべきもの、そうするしかないもの、だとしたら、どうか。

武満徹が何人かのアーティストたちとともに、オーストラリア、グレート島を訪れたのは、一九八〇年九月。二週間の滞在中に、全域から二四もの異なった部族が集い、祭祀や踊りを披露した、諸々のアボリジニによるはじめての交歓の集会がおこなわれ、大きな感銘をうけることになった。この旅はもともと、アーティストたちが分担して「シアターピース」的な作品をつくろうというプロジェクトに関わっていたという。それは流産し、武満徹がインスパイアされたものは、翌一九八一年、イリ・キリアンによってふりつけられる《夢の時（ドリームタイム）》という果実となる。

私と武満氏が出会ったのは一九八〇年オーストラリア北方の小さな離島でのことです。当時、私は、オーストラリアの先住民族であるアボリジニのダンスに強く魅せられておりました。私たちは、オランダ、ドイツ、スウェーデンの各テレビ局、サウス・オーストラリアの映画会社、オーストラリア政府、ネザーランド・ダンス・シアター等の多くの関係者の協力をもとに、かつてない大規模なオーストラリア先住民族のフェスティヴァル開催にこぎつけました。それは、私がダンスに対してそれまで抱いていた概念（と人生そのもの）を根底からくつがえすほど強烈な体験でした。／武満氏もこのフェスティヴァルに参加し、私と同じような深い感動を享けたひとりだったのです。／この私たちの共通体験が、「ドリームタイム」を生み出すきっかけとなりました。二〇年近くの歳月を経た今もなお、「ドリームタイム」は私にとって非常に大切な作品です。（東京バレエ団《オール・キリアン・プロ》プログラム）

イリ・キリアンは一九四七年、社会主義政権下、プラハに生まれた。九歳からバレエを始め、チェコ国内そしてロンドンのロイヤル・バレエ・スクールでも学び、一九六八年にはジョン・クランコに招かれ、シュトットガルト・バレエ団に入団。ソリストとして、また振付家として、活動する。一九七三年、ネザーランド・ダンス・シアター（ＮＤＴ）に振付け、一九七八年に芸術監督に就任。一九九九年には地位を退いた。

芸術監督就任以前、一九七〇年から開始されるキリアンとＮＤＴの作品リストをたどってみると、多彩な作曲家の名をみることができる。時期によってすこしずつ違ってくるが、はじめのうちは、ヤナーチェクやマルティヌーといったチェコ出身のキリアンにとって親しい作品があり、バルトーク、ストラヴィンスキー、さらにシェーンベルク、ベルク、ヴェーベルンは、二〇世紀前半の、いまでは古典の音楽作品だ。一九八〇年代後半になると、ケージやライヒの作品、バッハやモーツァルトの作品が用いられる。

ヤナーチェクやヴェーベルンなどとならび、何回か名があらわれるのが武満徹。年代順に、そして、ダンスとしてのタイトルと、用いられる音楽作品とを、ならべてみる。

『沈黙のオルフェ』（一九七二年）《リング》《ヴァレリア》
『トルソ』（一九七五年）《テクスチュアズ》
『ノヴェンバー・ステップス』（一九七七年）《ノヴェンバー・ステップス》
『ドリームタイム』（一九八三年）《ドリームタイム》

初期作品から、琵琶と尺八をオーケストラと対峙させ、世界に作曲家の名を知らしめる《ノヴェンバー・ステップス》を経て、新作の委嘱へと、キリアンと武満徹とのつながりは深くなっていった。ちなみに、NDTが拠点とするオランダ、アムステルダムは、《ノヴェンバー・ステップス》が一九六九年一二月、ベルナルド・ハイティンク指揮、コンセルトへボウ管弦楽団により三回演奏された土地でもあった。

☆

『ドリームタイム』に戻ろう。

いまを遡る遥か以前、先史の「夢の時代（ドリームタイム）」には、過去から現在、そして未来に至る時のながれのなかで生じることどもがすべて含まれている。そんなふうにアボリジニは考える。大切な要素として、「うた」がある。世界中を歩いたイギリスの特異な作家、冒険家、ブルース・チャトウィンは、こんな文章を書いていた――「アボリジニの信仰では、各種族のトーテムとなる祖先は、原初の泉の泥から自らを創り出した。彼らは一歩進み出て己の名を歌い、それが歌の出だしとなった。二歩目で最初の言葉に説明を加え、対句ができあがった。それから彼は全土をめぐる旅に出て、一歩一歩あゆみつつ、歌うことで世界を創造した。岩や断崖、砂丘、ゴムの木なども歌によって生みだした」（『どうして僕はこんなところに』、池央耿・神保睦訳、角川書店）。

オーストラリア全土が「うたの道」でいっぱいになっている。これらは迷路のように入り組み、不可視だが、アボリジニは地図や楽譜のように読み解きながら、旅をつづける。

チャトウィンは、友人に問い掛ける――「土地というのはまず最初に心のなかに観念として存在するわけだね？ それから歌に歌われ、そうしてはじめて存在すると？」（『ソングライン』、芹沢真理子訳、めるくまーる）。

オーストラリアのアボリジニによる「ドリームタイム」は、通常、神話学において「夢の時代」と訳される。しかし、武満徹はあえて「夢の時」と、「タイム＝時」と、直接的な訳し方をする。アボリジニは、先にも記したように、一種の先史時代をこそ「ドリームタイム」と呼ぶわけだが、その大きな「時代」的ひろがりを、作曲家はひとつの作品世界、音楽＝作品という一定時間のなかで展開されるものとして、故意に、とらえかえしているようにおもえる。アイルランド出身の作家、ジェイムズ・ジョイス――この作家も武満徹につよいインスピレーションを与える存在だった――の造語のように、夢（Dream）と時間（Time）という二つの語を接合し、「Dreamtime」とするところにも、両者の切り離しがたさ、一体性を感じとれる。

《夢の時》を手掛けていた時期、作曲家は映画についてのエッセイを雑誌に連載していた。のちに一冊の書物としてまとめられる際には「夢の引用」と題がつけられる。この第一章が、ほかならぬ「夢の時」。文章のなかには、オーストラリアとかアボリジニとかいうことばはでてこない。映画そのものが「夢の時」としてとらえられているかのようだ、ひとつの文章そのものが夢であるかのように。

武満徹の音楽にもキリアンのふりつけにも、オーストラリアやアボリジニの伝統的な要素は特別にみいだすことはできない。舞台では、音楽が、音がオーケストラで発される前、無音のなかで三人の女性がおよそ二分ほど踊るしぐさのなか、アボリジニのみぶりがとりこまれている——たとえば、歩きながら、片足を横に跳ねあげるようにするしぐさ——が、抽象化されたうごき、特定のなにかをさし示すことのないうごきこそが、作品を支配している。

キリアンじしん、フランスの評論家に以下にこのように語ってもいる——

オーストラリアでのトオル・タケミツとの体験は、直接的には『放浪者』や『スタンピング・グラウンド』『所在不明』にも見られますが、『ドリームタイム』には、まったく見られません。でも、この体験がなかったら、『ドリームタイム』は生まれなかったでしょう。一九八一年に作曲されたトオル・タケミツの音楽は、私たちが彼の地で聴いたものとは一切共通点のないものだし、私の振付にも、アボリジニの文化の痕跡は少しもありません。けれども、これは断言できます。地球の果てに彼と二人で訪れた一九八〇年のこの体験がなかったら、決してこの作品はこの世に存在しなかったでしょう。（ルネ・シルヴァン『イリ・キリアンもしくは甦る芸術』）

作曲家は他方、こう記す——

〈夢〉が、その細部において鮮明でありながら、思いがけない非現実的な全体を示すように、この作品では短いエピソードが、一見とりとめもなく浮遊するように連なる。リズムの微妙な増減、テンポの変化が、曲の浮遊感をいっそう強化する。

波のようにさわさわと左から右へ、右から左へと伝わってゆく弦楽器のこまかい音型。木管楽器の持続的な音に、ハープや金属打楽器の短い、しかし余韻をのこすひびきが重なって、全オーケストラが瞬間的にクレッシェンドし、すぐに回帰してくる静けさ。いくつかの旋律の断片が浮かびあがり、忘れたころに、べつの音色で、また、ふっと、通り過ぎ。《夢の時》のなかで生起する音、生きものとしての音のうごきをたどっていると、息を吸い、吐く、音楽の、作品の呼吸に、聴き手が、いつしか「自然」に心身をあわせていることに気づく。

武満徹は、みずからの書いた作品が、発表された後にダンスに用いられたりするのを好まなかった。音楽家が演奏し、それが「音／ひびき」となってあらわれてくる、現象の、結果の作品を、聴き手が受けとめる。その関係が、みずからの音楽のありようであり、「ダンス」の素材、媒介となるのは、本来の意図とは異なっているというふうに考えていたのだろう。

音楽は音楽として自由なイマジネーションを聴き手にひらいてゆく。しかし、そこになんらかの「目にみえる」かたち、みぶりがあり動作がある「ひと」がはいってくることで生じる疎外が、「音楽の造形者」としての作曲家は、居心地が悪かったにちがいない。その意味で《夢の時》は、例外的な作品ということもできる。オーストラリアとアボリジニとの出会いが「シアターピース」のプロジェクトとかかわっていたことと、キリアンとの友情と結びついて実現可能となった稀有な「音楽＝ダンス」作品なのだ。

☆

キリアン／NDTによる『ドリームタイム』の初演は一九八三年五月五日。

先のキリアンの発言によると、コリオグラファーも作曲家も、生と生活、みぶり、神話、ダンス、音楽が密接に結びついているアボリジニの文化に、ともに、ふれたということが大きくはたらいていた。すべてがトータルに結びつけられ、綜合され、ひとつひとつを切り離すことができない世界。音楽がダンスであり、ダンスが音楽であり、身体も音楽でありダンスである。いわゆる「近代」以前の文化、ひとの生と生活、神話が密接に結びついている文化、現在の生活のなかにも、神話が生きているだけでなく、現代において新しく生まれるもの、よそからやってくるものでさえ「神話」のなかにとりこむ――この土地では実際、トラクターでさえトーテムになる——強靭な夢。ダンス／音楽という「作品＝夢」として実現する。《夢の時》は、来るべき壮大な「シアターピース」ではなかったかもしれない。でも、ダンスと音楽が一体化したひとつの「夢の時」の実現であることは、まちがいなかった。

お礼、と、あとがき、と

およそ二〇年いろいろなところで発表してきたもの、発表した複数の文章を合体させたもの、パソコンのなかに残してあった断片を何らかのかたちにしたもの、が本書には収められている。うまくいれこめなかったり、忘れたり、失くしたりしたものもある。異なった媒体で、ひとりの作曲家を中心として扱っているので、まとめてみるとおなじようなことが何度もでてくる。鬱陶《うっとう》しく感じられたりするかもしれないな。うまく刈りこめればよかったのだけれどなかなかそうもいかず、ご寛恕いただければ。それぞれべつの時、べつのところで発されている、ひとつひとつの文章が、べつべつのライヴ／コンサートになっている、そんなふうに。また、整理能力の欠如から、どこにいつ書いたのかわからなくなったり、かなり手をいれたりしたゆえ、初出一覧を省き、どんなところに書いてきたかのみ列挙させていただいた。なによりも、お声掛けくださった方々、媒体へのお礼（ぬけているものについてはお詫び）を、とおもいます。

新聞――「聖教新聞」「図書新聞」「週刊読書人」
雑誌／フリーペーパー／ネット――「ユリイカ」「文學界」「芸術新潮」「一個人」「週刊朝日百科 世界の文学60 オペラの誕生」「intoxicate」「日本近代文学館館報」「Red Bull Music Academy」
単行本／カタログ――「武満徹全集」「パルコ劇場30周年記念の本 プロデュース！」「世田谷美術館 瀧口修造：夢の漂流物 カタログ」
紀要――「早稲田大学 演劇映像」
その他、公演パンフレット、ライナーノート

☆

「水庭（へ）の、ため、ためし」は、二〇一八年、アートビオトープ那須（NIKISSIMO）に隣接してオープンした、建築家・石上純也設計による「水庭」を訪れて書かれたもの。本書のカヴァーも水庭の写真を素材にしている。写真は、あるときの姿をとどめているが、数か月、一年、二年と経つうちに変化してくる、してゆく。

音楽や生、時と場所、を本とかさねられたら、と編集者に提案した次第。写真をご提供いただだいたNIKISSIMOの北山ひとみさん、北山実優さんにここでお礼を。

☆

指示されたテーマがあって、大してちがいのないことをつづけて書いていると、飽きてくる。

何年かたつと、からだがある楽曲につつまれているのを感じたり、アレが聴いてみたいなと想ったりするようになったり、ふっと考えることがあったりする。

また、戻ってくる。

これからも、武満徹について考えることはあるかもしれない。あるんじゃないか、とおもう。

よくもわるくも、つよく影響をうけてきた。でも、ひとまず、区切りはつけてもいい。

もううんざりでしょ、だったか。飽きちゃったでしょ、だったか。

言われたのがいつだったかは忘れた。

二冊目の本がでたときか、没後何年とかで雑誌や新聞に原稿を依頼されることがつづいたころか。

武満眞樹さんがいたずらっぽく言うのである。

《樹の曲》のタイトルと眞樹さんの名が呼応しているとの文章を読んだのは、いつだったろう。武満徹の作品のタイトルには秋にまつわるものがいくつかあって、「AKI」という音は、眞樹・MAKIのなかにきこえるな、とか、いや、もっと「き・KI」の音は、木とか樹とかいろいろあるな、なんてことをおもいめぐらせたりしたのは、本を二冊だしたあと、ここにある文章たちを書いている短《みじか》からぬあいだだったか。「徹さん」についてはなしたことはあまりなかったけれど、本書を準備しているあいだ、そうだ、これは眞樹さんへのパーソナル・ギフト、とおもっていた。

青土社の篠原一平さんから新しいかたちで既出の文章をまとめるという案をいただいた。案を練りながらも、飽きたり忘れたりするうちに、随分経ってしまった。やっとその気になったのは、作曲家が生きていたらじきに九〇なんだなとの感慨をおぼえたときか。

編集を担当してくれたのは足立朋也さん。『しっぽがない』(青土社、二〇二〇年)

につづいて二冊目。今回の本は、装幀の今垣知沙子さんとのコンビにお礼を。ありがとうございます。

二〇二一年三月　沈丁花のかおりをそばに

小沼純一

小沼純一

小沼純一（こぬま・じゅんいち）

1959年東京都生まれ。早稲田大学文学学術院教授。専門は音楽文化論、音楽・文芸批評。第8回出光音楽賞（学術・研究部門）受賞。創作と批評を横断した活動を展開。近年の主な著書に『音楽に自然を聴く』『オーケストラ再入門』（以上、平凡社新書）、『本を弾く――来るべき音楽のための読書ノート』（東京大学出版会）、『映画に耳を――聴覚からはじめる新しい映画の話』（DU BOOKS）、『魅せられた身体――旅する音楽家コリン・マクフィーとその時代』（青土社）ほか。創作に『しっぽがない』（青土社）、『sotto』（七月堂）などがある。

武満徹逍遥《たけみつとおるしょうよう》　遠《とお》ざかる季節《きせつ》から

2021年3月22日　第1刷印刷
2021年3月31日　第1刷発行

著　者　小沼純一《こぬまじゅんいち》

発行者　清水一人
発行所　青土社
〒101-0051　東京都千代田区神田神保町1-29　市瀬ビル
電話　03-3291-9831（編集部）　03-3294-7829（営業部）
振替　00190-7-192955

印　刷　双文社印刷
製　本　双文社印刷

装　幀　今垣知沙子

ISBN978-4-7917-7368-8　C0073